新时代中等职业学校新课标公共课配套辅导
新时代中职教育新形态一体化教材

心理健康与职业生涯学习指导与能力训练

张慧敏　编

北京大学出版社
PEKING UNIVERSITY PRESS

图书在版编目(CIP)数据

心理健康与职业生涯学习指导与能力训练 / 张慧敏编. -- 北京 : 北京大学出版社, 2025. 2. -- ISBN 978-7-301-36015-6

Ⅰ. G444; G647.38

中国国家版本馆 CIP 数据核字第 2025KD1739 号

书　　名	心理健康与职业生涯学习指导与能力训练 XINLI JIANKANG YU ZHIYE SHENGYA XUEXI ZHIDAO YU NENGLI XUNLIAN
著作责任者	张慧敏　编
策划编辑	李　虎
责任编辑	赵天思
标准书号	ISBN 978-7-301-36015-6
出版发行	北京大学出版社
地　　址	北京市海淀区成府路 205 号　100871
网　　址	http://www.pup.cn　新浪微博:@北京大学出版社
电子邮箱	编辑部 pup6@pup.cn　总编室 zpup@pup.cn
电　　话	邮购部 010-62752015　发行部 010-62750672　编辑部 010-62750667
印 刷 者	三河市北燕印装有限公司
经 销 者	新华书店
	889 毫米×1194 毫米　16 开本　10 印张　224 千字
	2025 年 2 月第 1 版　2025 年 2 月第 1 次印刷
定　　价	35.00 元

PREFACE 前言

根据《中等职业学校思想政治课程标准(2020年版)》,中等职业学校思想政治课程的教学目标包括:能结合活动体验和社会实践,了解心理健康、职业生涯的基本知识,树立心理健康意识,掌握心理调适方法,形成适应时代发展的职业理想和职业发展观,探寻符合自身实际和社会发展的积极生活目标,养成自立自强、敬业乐群的心理品质和自尊自信、理性平和、积极向上的良好心态,提高应对挫折与适应社会的能力,掌握制订和执行职业生涯规划的方法,提升职业素养,为顺利就业创业创造条件。

为适应当前中等职业(简称中职)学校教育教学改革的需要,并帮助学生更好地学习思想政治课程,我们在综合考虑中职学生的年龄特点、兴趣爱好和实际学习水平的基础上,依据中职学校教科书《思想政治　基础模块　心理健康与职业生涯》编写了本书,作为与该教材同步的学习指导与能力训练资料。

具体来说,本书具有以下特色。

1.立德树人,润物无声

党的二十大报告指出:“育人的根本在于立德。”本书积极贯彻“育人为本,德育为先”的理念,每课都设置了“生活感悟”模块,该模块通过紧贴生活的典型案例引发学生思考和讨论,旨在使学生领会以改革创新为核心的时代精神,增强创新意识、责任意识,从而树立正确的世界观、人生观、价值观。

2.模块丰富,理实结合

本书精心设计了“单元整体解读”“单元目标聚焦”“知识梳理”“生活感悟”“习题演练”等模块。各模块的具体内容如下。

单元整体解读:概括了各单元的学习内容,旨在帮助学生快速学习和理解知识要点,并提高学生的学习能力。

单元目标聚焦:列出了各单元的“知识目标”“能力目标”和“素养目标”,有助于学生明确学习目标与方向,激发其自主学习的动力。

知识梳理:梳理了每课的知识点,帮助学生厘清学习思路,掌握重点知识,提高学习效率。

生活感悟:通过生活中的常见事例,引导学生在阅读过程中分析和思考,帮助学生运用所学知识解决实际问题,并树立心理健康意识,做好职业规划。

习题演练：紧扣教材知识点，设置了填空题、选择题、判断题、简答题、辨析题和案例分析题六种题型，习题的题量与难易程度适中，通过不同题型的练习，帮助学生检查学习效果，巩固所学知识。

3.由浅入深，循序渐进

本书根据学生的认知水平设置题目，确保各单元内容均按照由直观到抽象、由易到难、由简到繁的逻辑顺序编排。这既有利于学生循序渐进地巩固所学内容，又有利于学生在掌握各单元知识的基础上，锻炼思维能力，学会独立思考。

本书由张慧敏（哈尔滨金融学院）负责全书的统稿、编写。

编者在编写本书的过程中，参考了大量的资料，在此向这些资料的作者表示衷心的感谢！因编者水平有限，若书中存在疏漏与不当之处，敬请广大读者批评指正，以便在今后的修订中进一步完善。

编　者

2025年1月

CONTENTS 目录

第一单元 时代导航 生涯筑梦

单元整体解读

在中职学校学习的阶段，是学生发展的重要阶段，也是学生形成正确价值观念、健全人格，树立职业理想，规划职业生涯的关键时期。随着中国特色社会主义进入新时代，在全面推进中华民族伟大复兴的新征程上，每个人都要自觉将职业理想融入国家和民族的伟大事业中。

在本单元，我们将了解新时代与个人成长的关系，理解社会是个人实现人生理想的客观环境，学会树立符合时代要求的职业理想，理解职业生涯的含义、特点和职业生涯规划的重要性，懂得进行职业生涯规划的过程也是促进个人成长的过程。

单元目标聚焦

知识目标

(1)正确认识社会发展与个人成长和实现人生理想之间的关系。

(2)理解新时代对个人素养提出的新要求。

(3)理解职业生涯的含义、特点和职业生涯规划的重要性。

能力目标

(1)能够树立符合时代要求的职业理想。

(2)能够结合自己所学专业分析、说明该专业从业者职业生涯的特点。

素养目标

(1)珍惜伟大时代，紧跟时代发展，志存高远，将个人发展与社会发展统一起来，积极创造人生价值。

(2)树立起为实现职业理想而从现在做起、积极准备的意识。

第一课 立足时代 志存高远

知识梳理

一、时代为我搭舞台

1.成长在新时代

(1)社会发展所提供的客观环境是个人成长和实现人生理想的前提。
(2)中国特色社会主义进入新时代是我国发展新的历史方位。
(3)新时代为我们实现人生理想提供了良好的客观环境。

2.新舞台,新机遇

(1)更多的就业机会。
(2)更好的创业条件。
(3)更宽的升学渠道。

二、做新时代追梦人

1.新时代,新要求

(1)树立远大理想。
(2)热爱伟大祖国。
(3)担当时代责任。
(4)勇于砥砺奋斗。
(5)练就过硬本领。
(6)锤炼品德修为。

2.树立符合时代要求的职业理想

(1)职业只有分工不同,没有高低贵贱之分,任何一份职业都有其独特的社会贡献。
(2)职业理想是个人对未来所从事职业的向往和追求,是人生理想的重要组成部分。
(3)个人的向往和追求只有同社会的需要和人民的利益保持一致,才可能变为现实。

生活感悟

“匠心”书写人生传奇

1995 年，邹彬出生在湖南一个普通的农村家庭，初中没读完便开始了“打工”生涯。在邹彬父母打工的工地，经常会出现他瘦瘦的身影。和灰浆、挑泥沙、搬砖头……脏活、累活，邹彬都肯干。他还总跑到老师傅旁边“帮忙”，说是帮忙，其实是偷师学艺。看到别人砌好的墙，邹彬会仔细观摩，拍下来回去慢慢研究。大家都去休息了，邹彬还在操着泥刀勤奋练习，巩固当天学到的知识。

2014 年 4 月，邹彬参加中建五局组织的“超英杯”砌筑技能比赛，凭借自己高超的砌筑技能冲破层层关卡，获得冠军。在随后的世界技能大赛中国区砌筑项目选拔赛中，邹彬从全国 21 支队伍的 150 名选手中脱颖而出，成功进入第 43 届世界技能大赛（中国）砌筑项目的集训队伍，开始了每天“魔鬼式”训练。

台上一分钟，台下十年功。集训时，从早上 6 点到晚上 6 点，再加上晚饭后的 3 个小时，邹彬的日程安排总是满满当当，从理论知识学习到技能操作训练，从体能训练到脑力训练，每项都有严格的时间安排。除规定的“集训”外，邹彬还经常自我加压，延长训练时间。比赛是按图纸砌墙，对尺寸、水平度、垂直度、对齐、细节等多个方面都有严苛的数据要求。仅有初中文化的他，曾经连几何图形都分辨不清，但经过反复训练，他能精确计算出各种图形数据，几乎不会出现误差，完成的产品，可以称为“艺术品”。邹彬凭借勤学苦练的过硬本领、精益求精的“工匠精神”，代表中国在世界技能大赛中获奖，实现了中国在这一项目上零的突破。

比赛结束后不久，邹彬被破格录取为中建五局总承包公司的项目质量管理员，并一路成长至项目质量总监。工作之余，他时常去职业院校交流，分享自己的成功经历，并且成立“邹彬劳模和工匠人才创新工作室”，手把手帮助工友提升技能，培养更多能工巧匠。

【思考】

邹彬凭借自己的钻研精神，跨越了一个又一个高峰，在为国争光的同时，也成就了自己的职业理想。那么，在新时代，我们应该如何处理时代发展与个人成长的关系呢？

习题演练

一、填空题

1.职业是从业人员为获取__________所从事的社会工作类别，是不同行业和组织中存在的一组类似职位的集合。

2.__________为个人的生存和发展提供了条件。

3.中国共产党的奋斗目标是__________________________。

4.我国发展新的历史方位是________________________________。

5.__________为我们实现人生理想提供了良好的客观环境。

6.实现全面建成社会主义现代化强国的奋斗目标，实现中华民族伟大复兴的中国梦，需要建设一支__________、__________、__________劳动者大军。

7.__________，是人世间最深层、最持久的情感，是一个人的立德之源、立功之本。

8.在选择职业时，我们应该遵循的主要指针是______________和____________________。

9.新时代要求我们勇于______________，练就过硬本领。

10.职业理想是个人对未来所从事职业的______________和追求。

二、选择题

1.(　　)是立身之本、成才之基。

A.努力工作　　B.无私奉献　　C.热爱祖国　　D.乐于助人

2.(　　)是青春最亮丽的底色。

A.奋斗　　B.守法　　C.奉献　　D.敬业

3.下列属于职业的是(　　)。

A.志愿者　　B.学生　　C.消防员　　D.街头艺人

4.下列不属于中国学生发展核心素养的是(　　)。

A.人文底蕴　　B.科学精神　　C.健康生活　　D.贪图享乐

5.下列说法中，属于职业理想的是(　　)。

A.小陈的理想是大学毕业后环游世界

B.小孟现在是医学院的一名学生，她的理想是成为一名优秀的医生

C.小黎在电子厂打工，他的理想是通过自学考试获得大学文凭

D.小胡现在是一名电力公司的职工，他的理想是成为爱心志愿者

6.(多选)小章是新能源汽车技术专业的优秀毕业生，他说："新时代给了我们更多的机会，也提出了更高的要求。要想成功，就需要有新时代追梦人那样的梦想，就必须不断钻研，学好每一项技能。"这说明，要想不辜负这个伟大的时代，我们需要(　　)。

A.选择好专业　　B.树立远大理想　　C.练就过硬本领　　D.四处寻找机会

7.(多选)从中职毕业后的小许进入企业成为一名工人，虽然工作普通，但是他很热爱本职工作，怀揣梦想且脚踏实地。企业新进了一批先进的数控加工机床，急需操控人员。小许主动报名，凭借过硬的本领顺利上岗。之后，通过刻苦学习和实践历练，小许成为一名高级技师，在

工作岗位上为企业解决了很多技术难题。这说明(　　)。

A.从事任何职业都能作出贡献　　B.只有勤奋努力,才能作出成绩

C.职业理想激励我们成长成才　　D.毕业后找到一份工作很重要

三、判断题

1.社会发展所提供的客观环境是我们实现人生理想的前提。(　　)

2.我们国家开启了全面建设社会主义现代化国家新征程。(　　)

3.“三百六十行,行行出状元”,无论干什么,只要站在时代红利期,运气足够好,即使不努力,也能做出优异的成绩。(　　)

4.品德是为人之本。(　　)

5.职业有高低贵贱之分。(　　)

6.树立职业理想时,我们应该把个人的命运与国家的前途和人民的命运联系在一起,将个人的职业理想同中华民族伟大复兴的中国梦结合起来。(　　)

7.新时代为我们的成长和成才提供了广阔的舞台和无限的机遇。(　　)

8.顺应时代变化,意味着我们应放弃自己的兴趣爱好。(　　)

9.我们发展和取得成功的关键在于过硬的本领,良好品德并不重要。(　　)

10.有没有职业理想并不重要。(　　)

四、简答题

1.简述新时代为我们提供的发展机遇。

2.新时代对人才的要求有哪些?

3.新时代,我们应该树立怎样的职业理想?

五、辨析题

1.职业只有分工不同,没有高低贵贱之分。

2.品德修为在个人的成长成才中并不重要。

3.只有确立职业理想，才能走向成功。

4.新时代强调职业没有高低贵贱之分，因此个人无须追求职业理想，只需随便找份工作即可。

六、案例分析题

小张的职业理想是成为一名教师，为此，她放弃了外资企业优厚的待遇，而到一所心仪的学校面试。由于这所学校需要的是有工作经验的教师，小张的条件并不符合学校的用人要求。但在得知这所学校也在招聘后勤人员后，小张为了留下来，毫不犹豫地应聘了后勤岗位。

尽管小张成了学校后勤管理中心的一名职工，但她并没有放弃成为一名教师的理想。在不耽误本职工作的前提下，小张利用闲暇时间去听课，每次都认真做笔记，用心写心得，并对教案进行总结。

一年以后，这所学校再次招聘教师，小张顺利地通过了面试，作为面试官的资深教师们指出了她试讲中的不足，也对她的优点给予了充分肯定。小张通过锲而不舍的努力，终于如愿以偿，成为一名教师。

根据上述案例，分析职业理想对个人职业发展的作用。

第二课 生涯规划 筑梦未来

知识梳理

一、认识职业生涯

1.什么是职业生涯

(1)职业生涯是一个人一生中以职业为核心所串联起来的全部经历。

(2)职业生涯是一个人一生中通过职业准备、职业发展,不断追求职业理想的过程。

(3)职业生涯可以划分为五个阶段:成长阶段、探索阶段、建立阶段、维持阶段和退出阶段。

2.职业生涯的特点

(1)独特性。每个人的职业生涯各不相同。

(2)发展性。每个人的职业生涯,伴随着个人的成长,都在不断发展变化,而且发展过程也各不相同。

(3)阶段性。每个人在职业生涯的不同阶段,有不同的目标与任务。

(4)互动性。每个人的职业生涯,都是个人与他人、个人与社会互相作用的结果。

二、走进职业生涯规划

1.职业生涯需规划

(1)职业生涯规划可以帮助我们明确发展目标。有目标,才会有前进的方向和奋斗的动力。

(2)职业生涯规划可以帮助我们扬长补短。在校时,我们要扬长补短,主动适应未来从事职业的要求;择业时,我们要扬长避短,选择适合自己的职业。

(3)职业生涯规划可以帮助我们提高执行力。再远大的职业理想,如果没有规划和行动,也会变成空想。

2.面向未来的职业生涯规划

(1)职业生涯规划要与社会发展相一致。社会大环境为我们提供了生存条件和发展机会。

(2)职业生涯规划要以自身实际为出发点。作为“准职业人”,我们要从自身实际出发,了解自己的性格特点、兴趣爱好、优势和劣势等。

(3)职业生涯规划需要立足所学专业。专业技能是我们未来就业和职业发展的基础。

生活感悟

小严的职业理想

小严从小就好奇心强，喜欢思考，做事认真。他经常把家里的一些东西拆了装、装了拆，反复摆弄。他还会修理一些家里的日常用具，如自行车上的哪个零件丢了，他就找一个装上。家里买的洗衣机是由他安装的，如果需要清洗，也是由他进行拆装。这些对小严来说都是很有趣的事。

2018 年中考之后，小严进入一所职业学校继续学习。报名时，他根据自己的爱好和兴趣选择了模具专业。学习中强烈的成就感让他更加坚定了自己的专业选择，并为自己立下了成为一名模具制造技师的职业理想。为此，小严制订了职业生涯规划，具体如下。

1.2018—2020 年：模具制造中级工

知识目标：学习机械制图、金属工艺及材料热处理、机械制造基础等专业基础课程，掌握冲压工艺与模具设计、模具制造工艺、数控铣削技术等专业技能。

能力目标：提高实际操作能力和人际沟通能力。

学历目标：取得中专毕业证书、模具制造中级工资格证书；参加对口升学考试，升入大专。

2.2020—2022 年：中级制图员

知识目标：学习机械制图测绘、机械零件设计、机械专业英语等基础课程；掌握模具现代制造技术、高级数控铣削技术等专业技能。

能力目标：提高实际操作能力，初步培养模具设计能力，提高组织能力。

学历目标：取得大专毕业证书和中级制图员资格证书。

3.2022—2025 年：模具制造高级工

学历目标：取得模具制造高级工资格证书和高级制图员资格证书。

职业目标：成为一名知识型模具制造高级工。

能力目标：熟练掌握工厂各种生产设备的操作和工作流程，努力实现技能创新，为工厂节约成本、改进技术贡献力量；熟练处理本职工作，工作业绩在同级同事中居于突出地位；参加技能比赛，并获得荣誉。

4.2025—2031 年：模具制造技师

学历目标：取得技师职称、本科学历证书。

职业目标：企业或工厂的高级技术人员。

【思考】

小严是如何规划自己的职业生涯的？作为中职生，我们该怎样规划自己的职业生涯呢？

习题演练

一、填空题

1.职业生涯是一个人一生通过________、________，不断追求职业理想的过程。

2.一般来说，职业生涯可以划分为五个阶段：________、探索阶段、________、________和________。

3.________、________、________，是我们在职业生涯发展中必须坚持的理念。

4.职业生涯具有独特性、________、________和互动性四个方面的特点。

5.再远大的职业理想，如果没有________和________，也会变成空想。

6.职业生涯规划要与________相一致。

7.________是我们未来就业和职业发展的基础。

8.清晰而明确的________，会让我们在职业生涯中少走弯路，朝着既定的职业理想不断努力。

二、选择题

1.在职业生涯的(　　)阶段，要做好职业规划，为首次就业做好准备，为未来的职业生涯发展奠定基础。

A.成长　　B.维持　　C.探索　　D.建立

2.每个人在职业生涯的不同阶段，有不同的目标与任务，这体现了职业生涯的(　　)。

A.互动性　　B.阶段性　　C.发展性　　D.独特性

3.小刘把自己的职业生涯规划贴在宿舍床头，激励自己不断努力。这说明职业生涯规划能(　　)。

A.让我们有奋斗的动力　　B.愉悦我们的心情

C.让我们了解自身的优势　　D.让我们明确职业的要求

4.小丁的实训生活又苦又累，但是一想到自己的职业生涯规划，他就觉得这些苦和累都是值得的。这说明职业生涯规划能(　　)。

A.帮助我们确立目标　　B.发挥自己的优势

C.鞭策我们直面困难和挑战　　D.弥补自己的短处

5.当今社会发展迅速，知识不断升级，(　　)是我们在职业生涯发展中必须坚持的理念。

A.勤奋好学　　B.刻苦钻研　　C.乐于助人　　D.终身学习

6.关于职业生涯的发展阶段，下列表述中正确的是(　　)。

A.探索阶段一般从大学毕业开始　　B.退出阶段一般从离开工作岗位算起

C.成长阶段一般从初中毕业开始　　D.维持阶段一般从走上工作岗位开始

7.(多选)职业生涯规划要与社会发展相一致，是因为(　　)。

A.个人发展与经济社会发展紧密联系

B.适应社会发展的职业生涯规划更容易成功

C.“职业选人”与“人选职业”相辅相成

D.社会大环境为我们提供了生存条件和发展机会

8.(多选)为了做好职业生涯规划,小胡特地向一位同专业毕业的校友了解职业相关要求。他这是考虑到了职业生涯规划要(　　)。

A.立足所学专业　　B.了解自己的性格特点

C.扬长补短　　D.对照职业要求

三、判断题

1.南宋文学家洪迈在其所著的《容斋随笔》中提到"人生五计",其中"身计"是指人在小的时候要吃饱穿暖、生存下去。(　　)

2.职业生涯的成长阶段是指从走上工作岗位开始,一直到达到事业高峰期为止。(　　)

3.活到老、学到老、干到老,是我们在职业生涯发展中必须坚持的理念。(　　)

4.每个人的职业生涯都是相同的。(　　)

5.职业生涯规划可以帮助我们明确发展目标。(　　)

6.计划赶不上变化,因此做职业生涯规划没有意义。(　　)

7.只有务实的职业生涯规划,才能把理想变成现实。(　　)

8.职业生涯是一个人一生中以职业为核心所串联起来的全部经历。(　　)

9.职业生涯规划是个人的事情,与他人无关。(　　)

10.要使职业生涯规划符合个人实际,就必须分析自己的兴趣、性格、能力及价值取向。(　　)

11.职业生涯规划只需要考虑个人兴趣,无须关注社会需求。(　　)

12.职业生涯的维持阶段是个人职业发展的起点。(　　)

13."扬长补短"和"扬长避短"是职业生涯规划的不同策略,分别适用于在校阶段和择业阶段。(　　)

四、简答题

1.简述职业生涯的特点。

2.如何制订面向未来的职业生涯规划?

3.简述职业生涯规划对个人职业发展的意义。

五、辨析题

1.做不做职业生涯规划,对个人职业发展没有影响。

2.没有必要树立终身学习的理念。

3.职业生涯规划只需要关注个人兴趣和优势，无须考虑社会需求。

六、案例分析题

小金和小方都是中职学校农学专业的学生，但是他们的职业生涯规划却大不相同。小金来自农村，他的家乡在2019年摘掉了贫困村的帽子，实现了整体脱贫。根据自身实际，并结合国家乡村振兴战略，小金明确了自己未来的职业道路——回到家乡发展农业振兴产业。毕业后，他先从最基本的乡村治理开始学习，然后按照规划联系乡镇政府获取产业投资……几年后，他在家乡建立了自己的茶厂、桑蚕种植和养殖场。这些产业也惠及了村民。

与小金不同，小方总觉得自己的专业没有前途，毕业后选择进入与自己所学专业不太相关的外贸行业。由于没有足够的知识积累和专业支撑，小方尽管努力工作，但始终无法取得理想的业绩,工作压力也很大。最终,小方心灰意冷,离开了外贸行业,辗转于各个行业,却始终收获不大。

结合案例,分析做好职业生涯规划的重要性。

第二单元
认识自我 健康成长

单元整体解读

青少年阶段是人生的"拔节孕穗期"，也是"扣好人生第一粒扣子"的关键阶段。促进青少年身心健康、全面发展，是人民群众关切的重大议题，也是所有家长和教师质朴而深沉的期待。但处于这一阶段的学生，会面临对未来感到迷茫、被情绪波动困扰等问题。

在本单元，我们将掌握认识自我的方法，并在认识自我的基础上学会接纳自我和完善自我；学会正视挫折，掌握应对挫折的方法；学会合理地管理情绪；了解青少年身心发展的特点与个体差异，掌握一定的性健康知识，养成健康向上的生活方式。

单元目标聚焦

知识目标

(1) 了解心理健康的主要表现及认识自我的三个不同方面。

(2) 正确认识生活、学习和实现职业理想过程中遇到的挫折。

(3) 了解情绪的含义、功能及成因。

(4) 正确认识青少年期个体身心发展的特点。

能力目标

(1) 能够学会应用接纳自我、完善自我的不同方法。

(2) 学会正视情绪和管理情绪，能够合理表达情绪。

(3) 能够正确认识自己在青少年期的身心变化，做到悦纳自己。

素养目标

(1) 在完善自我的同时，要对国家、社会和家庭做出个人的努力，贡献自身的力量。

(2) 能够正视挫折，将挫折视为成长的机会。

(3) 感悟情绪管理的重要性，做一个理性平和、自信乐观的人。

(4) 正确面对和处理青春期性心理现象，养成健康向上的生活方式。

第三课　发现自我 完善自我

知识梳理

一、认识自我

1.我是谁

(1)生理我是对自身身高、体重、性别、相貌等生理特征的认识。

(2)心理我是对自身兴趣、性格、能力、价值观等心理特征和心理过程的认识。

(3)社会我是对自身所扮演的社会角色,在家庭、学校和社会中的地位等自我与他人、社会之间关系的认识。

2.认识自我的方法

(1)自我觉察,即对自己进行细致的观察和思考。

(2)他人反馈,是认识自我的另一种方式。

(3)社会比较,即与周围其他人进行比较。

二、接纳和完善自我

1.接纳自我

(1)接纳自我,就要学会善待自己。

(2)接纳自我,就要正确对待他人的评价。

(3)接纳自我,就要学会理性地进行社会比较。

2.完善自我

(1)完善自我,要持续不断地自我反省,学会自我调控。

(2)完善自我,要善于听取他人的建议。

(3)完善自我,要向榜样学习。

生活感悟

认识自我，成就未来

小唐在大学所学专业是电子信息工程，毕业后他进入一家电子厂从事电子电路设计工作。由于工作内容比较枯燥，所以性格外向、活泼好动的小唐很不适应，在工作时总是无精打采，还经常出错。过了一年，看到身边的同事都晋升了，小唐非常焦虑。

最终，小唐决定转行，他到一家培训机构应聘拓展培训师，并顺利通过了初试，而复试要到位于外地的总部进行。由于电子厂不能给小唐批准足够的假期，所以小唐在充分分析了自己的兴趣、性格和能力之后，下定决心离开了这家电子厂。

之后，小唐又通过了复试，获得了拓展培训师的职位。在新的工作岗位上，小唐充分发挥自己的特长，又加上勤奋好学，业务能力很快得到了提升。不久，小唐代表这家培训机构参加了拓展培训师的技能竞赛，并取得了全市第三名的好成绩，也因此被晋升为高级拓展培训师，获得了职业上的成功。

【思考】

我们应该如何通过认识自我来选择合适的职业？

习题演练

一、填空题

1.心理健康是人在成长和发展过程中__________、__________、认知效能良好、行为举止适当、__________、__________的一种状态。

2.____________________是个体心理健康的基本标准之一，也是个体未来成长成才的重要基础。

3.通过认识自我，我们可以找到自己的优点和长处，提升________和________。

4.社会比较，即与__________进行比较。

5.情绪体验良好就是情绪总体上________，能够有效地________。

6.完善自我，要持续不断地________，学会________。

7.要清醒地分析和认识他人的反馈，从中提取__________的信息。

8.心理健康是________的重要组成部分，会对________产生重要影响。

二、选择题

1.下列选项中，不属于生理我认识内容的是(　　)。

A.性别　　B.相貌　　C.性格　　D.体重

2.下列选项中，不属于自我觉察对象的是(　　)。

A.气质　　B.容貌　　C.记忆　　D.运气

3.下列不能帮助我们认识自我的做法是(　　)。

A.和同学讨论对彼此的看法

B.全盘接受别人的意见

C.进行专业化心理测验

D.写日记，并时常把过去的我和现在的我进行对比

4.“人们习惯拿放大镜去观察评价别人，却很少去认清自己。殊不知只有认清自己，才能不骄不躁，行稳致远。”这句话强调正确认识自己(　　)。

A.取决于他人的评价　　B.可以促进自我发展

C.需要掌握科学方法　　D.可以决定一个人的前途命运

5.小崔平时学习认真，对自我的要求比较高。但是，无论他怎么努力，有一门课程的考试成绩总是达不到他的要求。小崔感到特别难受，觉得自己很没用。同学告诉小崔要学会接纳自我。下列说法中错误的是(　　)。

A.小崔要看到自己的优势，不要妄自菲薄

B.小崔要接纳不完善的自我，要对自己充满自信

C.小崔可以通过写日记或说话的形式与自我对话，保持心态平和

D.小崔可以不管这门课程的成绩，学会满足现状

6.(　　)属于“心理我”的内容。

A.身高体重　　B.家庭角色　　C.价值观　　D.社会地位

7.完善自我的首要途径是(　　)。

A.向榜样学习　　B.持续自我反省　　C.进行社会比较　　D.接受所有评价

三、判断题

1.认识自我主要是对自己身高、体重和相貌的认识。(　　)

2.心理健康是个人健康的重要组成部分,会对身体健康产生重要影响。(　　)

3.一个低自尊的人会非常喜欢和热爱自己。(　　)

4.接纳自我就是认为自己的一切都是好的。(　　)

5.客观对待老师评价,用理性心态面对。(　　)

6.完善自我不需要听取别人的建议。(　　)

7.虽然认识自我的方法不同,但搜集到的信息是相同的。(　　)

8.一个恰当认识自我的人,对自己的总体评价较为积极。(　　)

四、简答题

1.简述全面准确地认识自我的积极作用。

2.简述完善自我的方法。

3.接纳自我需要注意哪三个要点？

五、辨析题

1.接纳自我，就要正确对待他人的评价。

2.心理健康看不见摸不着，不用太在意。

3.心理我比社会我更重要。

六、案例分析题

中考后，小韩结合自己的兴趣和特点，根据扬长补短的原则选择了一所中职学校的服装设计与工艺专业。入学后，小韩刻苦学习，充分发挥自己的特长，努力提升自己的短板。她还积极参加校、省和全国的服装设计与工艺比赛，并荣获全国职业院校技能大赛（中职组）服装设计与工艺赛项的一等奖。毕业时，小韩凭借优异的成绩，顺利应聘到一家知名服装设计公司从事服装设计工作。

小韩是怎样接纳自我和完善自我的？

第四课 直面挫折 积极应对

知识梳理

一、认识挫折，直面困难

1.了解挫折

（1）当人们有目的、有动机的活动遭到阻碍或失败时，就会产生挫折。

（2）个体的挫折反应受挫折情境和挫折认知的影响。

（3）在学校中，学业问题和人际冲突是学生经常遇到的挫折情境。

2.正视挫折

（1）用积极的视角认识挫折，有助于我们正视挫折、积极应对。

（2）每个人在成长的道路上都可能遭遇各种各样的挫折。

（3）成长道路上的各种挫折都有其独特的价值。

（4）接纳挫折中无法改变的事实。

二、应对挫折，提升抗逆力

1.面对挫折，积极应对

（1）以关怀和友善的态度对待遭遇挫折的自己。挫折后产生消极的情绪是正常的，但不要沉溺于这些情绪，而要接受挫折的现实。

（2）积极寻找解决问题的办法。在行动过程中，要注意评估应对效果，及时作出调整。

（3）积极寻求他人帮助。寻求帮助和支持不是软弱的表现，每个人都要构建自己的社会支持系统。

2.提升抗逆力，在挫折中成长

抗逆力是指个体在面对不幸、逆境或挫折等压力情境时的有效适应能力。

（1）提升抗逆力，要确立明确的人生目标。

（2）提升抗逆力，要心存高远、保持乐观。

（3）提升抗逆力，要学会积极看待自己、照顾好自己。

（4）提升抗逆力，要与重要他人建立良好的关系。

生活感悟

在挫折中成长

巴拉尼在小时候因病残疾，母亲的心就像刀绞一样，但她还是强忍悲痛。她想，孩子现在最需要的是鼓励和帮助，而不是妈妈的眼泪。母亲来到巴拉尼的病床前，拉着他的手说："孩子，妈妈相信你是个有志气的人，希望你能用自己的双腿，在人生的道路上勇敢地走下去！你能答应妈妈吗？"

母亲的话，像铁锤一样撞击着巴拉尼的心扉，他"哇"的一声，扑到母亲怀里大哭起来。

从那以后，母亲只要一有空，就帮助巴拉尼练习走路、做体操，常常累得满头大汗。有一次母亲得了重感冒，她想，做母亲的不仅要言传，还要身教。尽管发着高烧，她还是下床按照计划帮助巴拉尼练习走路。黄豆般的汗水从母亲脸上滑下，她用干毛巾擦擦，咬紧牙，硬是帮巴拉尼完成了当天的锻炼计划。

体育锻炼弥补了残疾给巴拉尼带来的不便。母亲的榜样作用，更是深深教育了巴拉尼，他终于经受住了命运给他的严酷打击。他刻苦学习，成绩在班上一直名列前茅。最后，他以优异的成绩考进了维也纳大学医学院。大学毕业后，巴拉尼将全部精力投入耳科神经学的研究。最后，终于登上了诺贝尔生理学或医学奖的领奖台。

【思考】

读完这个故事，你有什么样的感悟？你如何看待自己在生活中遇到的挫折？

习题演练

一、填空题

1.挫折是指人们有目的、有动机的活动遭到阻碍或失败时的情绪反应，它与__________、__________和__________相关。

2.挫折反应的性质和程度主要取决于个体对__________的认知。

3.挫折是生活的一部分，成长道路上的各种挫折都有其独特的价值，我们应__________挫折中无法改变的事实。

4.创伤后成长不是由创伤性事件本身引起的，而是通过个体在与创伤性事件的__________中实现的，它受创伤性事件的__________、个体应对创伤性事件的__________及__________等因素的影响。

5.我们要以__________和__________的态度对待遭遇挫折的自己。

6.自我悲悯包括三个方面：__________、__________和__________。

7.__________是指个体从所拥有的社会关系（包括家人、亲友、同学、团体、单位和社区等）中获得的精神和物质上的支持。

8.__________是指个体在面对不幸、逆境或挫折等压力情境时的有效适应能力。

9.在应对挫折时，应构建自己的__________系统。

二、选择题

1.下列与挫折不直接相关的是（　　）。

A.所学专业　　B.挫折情境　　C.挫折认知　　D.挫折反应

2.在挫折中不能改变的因素是（　　）。

A.目标　　B.行动方式　　C.事实　　D.心态

3.小夏和小莫在高考中双双落榜，他们都非常难过。不久，小夏重新打起精神，准备复读，第二年终于考上了理想的学校。而小莫却一直情绪低落，愁眉苦脸，什么事也做不好。对此认识正确的是（　　）。

A.小夏比小莫聪明

B.导致他们遭遇挫折的挫折情境不同

C.小夏没有挫折感，小莫则受到了挫折的严重打击

D.他们对待挫折情境的挫折认知不同，挫折反应也不同

4.遭遇挫折后，正确的应对方法是（　　）。

A.怨天尤人　　B.踌躇不前　　C.自我悲悯　　D.自暴自弃

5.下列选项中不利于提升抗逆力的是（　　）。

A.品读励志故事　　B.记录日常生活中有成就感的事情

C.有目标、有计划地锻炼自己　　D.经常向朋友说自己坚持不下去了

6.“宁可肌肉在深夜里燃烧，不让情绪在失败中沉沦。哪吒，就是要脱胎换骨；蝶后，一定是蝶变之后。探索运动的极限，收割青春的金牌，冠军是胜者，更是逆境中崛起的人。”“感动

中国2023年度人物”张雨霏的这段颁奖词,对我们的启示是(　　)。

A.增强生命韧性,学会正确认识和对待挫折

B.学会独立思考,培养批判精神和创造潜力

C.压抑负面情绪,永远保持积极乐观的心态

D.做更好的自己,需要熬夜激发自己的潜能

7.(多选)小陶想在日常生活中提高抗逆力,以下能够帮助他的方式有(　　)。

A.有目标、有计划地锻炼自己　　B.经常向朋友说自己坚持不下去了

C.参与健康愉悦的活动　　D.记录日常生活中有成就感的事件

8.(多选)小纪平时上课积极,表现优异。但是,在考取职业资格证书时,他却因为发挥失常没有通过。以下不利于小纪积极应对这一事件的想法是(　　)。

A.再怎么努力也考不上,算了

B.不要紧,只是一次失败而已,我要继续努力

C.老师教的都没考,我自己学更靠谱

D.这种考试就是为了为难我们的,以后不考了

三、判断题

1.个体的挫折反应仅受挫折认知的影响。(　　)

2.面对挫折,不能有沮丧、愤怒或失望的情绪,因为这是脆弱的表现。(　　)

3.当现实自我和理想自我之间的差距较大时,人们就容易感到挫折。(　　)

4.面对挫折,不同的人会有相同的挫折反应。(　　)

5.遭遇挫折时,要直面困难,不要轻言放弃。(　　)

6.由于挫折能增强生命的韧性,因此经历的挫折越多越好。(　　)

7.“吃一堑,长一智”的意思是指挫折也有其价值。(　　)

8.遇到挫折应该选择最简单的方式面对。(　　)

9.无论遇到什么样的挫折,都要牢记生命至上。(　　)

10.健康的生活方式、良好的人际网络,可以帮助我们提升抗逆力。(　　)

四、简答题

1.我们应该如何看待生活中遇到的挫折?

2.正确应对挫折的方法有哪些？

3.简述提升抗逆力的举措。

五、辨析题

1.由于抗逆力没有任何作用，因此不需要提升抗逆力。

2.挫折与人生相伴,是我们人生的一部分。

3.挫折后产生消极的情绪是软弱的表现,必须立刻消除。

六、案例分析题

“感动中国2022年度人物”陆鸿,幼时因一次高烧引发中毒性脑炎,导致小脑神经失常,落下终身残疾——脸部肌肉因萎缩而时常痉挛,手指、脚趾严重变形,言语交流也不是很顺畅。他在别人的异样眼光中长大。找工作四处碰壁后,陆鸿选择自主创业,先后摆过修车摊、开过网店,后来做电子相册,如今拓展到实体相册生产,其工厂已成为远近闻名的残疾人扶贫创业基地。凭着自强不息、永不服输的精神,陆鸿不但改变了自己的命运,还为不少残疾人提供了就业岗位,搭建了展现自我价值的舞台。

1.阅读案例，说说陆鸿遭遇了哪些挫折。面对挫折，他的态度是怎样的？
2.在遭遇挫折时，我们应该如何提升自己的抗逆力？

第五课 认识情绪 管理情绪

知识梳理

一、破解情绪的密码

1.情绪是什么

(1)情绪是一种复杂的心理现象,由主观体验、外部表现和生理反应三者共同构成。

(2)根据愉悦度,情绪通常可以分为正性情绪和负性情绪。

(3)无论是正性情绪还是负性情绪,对人类都具有独特的作用。

(4)过于强烈和持久的情绪可能会影响人的学习、工作效率和身心健康。

2.情绪从哪里来

(1)情绪是人和环境相互作用的产物。

(2)环境会影响情绪。

(3)生理状态会影响情绪。

(4)个体对某一事件的看法和评价会影响情绪。

二、成为情绪的主人

1.正视情绪

(1)情绪有正性和负性之分,没有绝对的好坏之分。每一种情绪都有自己独特的作用。

(2)接纳并主动体验情绪。

(3)合理表达情绪。通过合理的方式把自己的情绪表达出来,更有利于人与人之间的沟通交流。

2.学会管理情绪

(1)每个人都可以积极主动地管理自己的情绪。

(2)调整想法。对事件的认识和理解是影响情绪体验的关键。想法改变了,情绪也会随之发生变化。

(3)掌握正确的宣泄方式。在经历强烈情绪时,适度宣泄可以降低情绪的强度,如把心中的不快、郁闷等向亲人、朋友、老师或心理咨询师等专业人士倾诉。

(4)调整身体状态。运动和睡眠能帮助人维持良好的身体状态,提升正性情绪出现的概率。

生活感悟

钉钉子的故事

有这样一个小男孩，他脾气暴躁，难以控制自己的情绪。他的父亲建议他，如果日后有控制不住自己情绪的时候，就到后院的墙板上钉上一颗钉子，等情绪稳定了再将钉子拔起来。

于是，小男孩便遵从父亲的指示。起初，小男孩一天甚至会钉上30颗钉子，但是当小男孩每次将钉子拔出时，便深深感到拔钉子的过程要比钉钉子的动作多花费很多力气。于是，小男孩慢慢开始减少钉钉子的次数，渐渐地，从每天的30颗钉子减少到15颗，再到接连几天也不去后院钉钉子。

后来，父亲带着小男孩来到后院，指着满目疮痍的墙板说，每一次情绪失控都像在人心上钉钉子，即使拔除了，伤痕也难以恢复。

【思考】

生活中遇到不如意的事情时，该怎样控制自己的情绪？

习题演练

一、填空题

1.情绪是一种复杂的心理现象,它不仅包括个人内心的__________,也伴随个体相应的__________,还表现出相应的__________。

2.按照愉悦度,情绪通常可以分为__________和__________。

3.根据生理激活水平的不同,情绪有不同的__________。

4.过于__________和__________的情绪可能会影响人的学习、工作效率和身心健康。

5.一般来说,情绪具有__________、__________、__________和__________等功能。

6.情绪是__________和__________相互作用的产物。

7.人在__________的时候,更容易感到心烦气躁;在__________的时候,更容易感到悲观忧郁。

8.要成为情绪的主人,首先需要__________。

9.主动通过__________、__________等方式来表达消极情绪,能够减弱或缓解压力事件对免疫系统功能的消极影响,维护人的__________。

10.可以通过__________来改变负性情绪,通过正确的方式来__________,也可以通过调整自己的身体状态来提升__________。

二、选择题

1.构成情绪的因素有(　　)。

A.主观体验　B.外部表现　C.生理反应　D.以上都是

2.下列选项中,属于正性情绪的是(　　)。

A.愤怒　B.满足　C.悲伤　D.恐惧

3.我们可以通过"察言观色"了解他人的感受,也可以通过身体姿势、面部表情、语气声调等把自己的感受传递给他人。这体现了情绪的(　　)。

A.适应功能　B.动机功能　C.组织功能　D.信号功能

4.下列选项中,不属于情绪的环境影响因素的是(　　)。

A.天气的变化　B.人的生理状态　C.家人团聚　D.即将到来的考试

5.在你心情不好、做事不顺利的时候,正确的调节方式是(　　)。

A.全面客观地看待事情　B.向亲人倾诉

C.保持健康规律的生活　D.以上都对

6.(多选)下列选项正确的是(　　)。

A.适度宣泄可以帮助我们降低情绪强度

B.适当的运动和睡眠能促进正性情绪的产生

C.诗词、美术、音乐作品等可以纾解情绪

D.情绪管理就是让自己在任何时候都保持正性情绪

三、判断题

1.情绪不能影响其他心理过程,如记忆、思维和决策等。(　　)

2.负性情绪都是有害的。(　　)

3.高兴可以让我们思维活跃、全身舒畅,因此越高兴越好。(　　)

4.情绪是一个人内心的感受,与外界环境没有太大关系。(　　)

5.生理状态会影响情绪。(　　)

6.根据“情绪 ABC 理论”,事件(A)是引起人的情绪及行为结果(C)的直接原因。(　　)

7.睡眠与情绪无关。(　　)

8.压抑或回避自然产生的情绪,可能会影响身心健康。(　　)

9.通过改变自己的想法可以调整自己的情绪。(　　)

10.不合理的信念往往会导致情绪的困扰。(　　)

11.负性情绪对人类毫无作用,应彻底消除。(　　)

12.情绪完全由外部环境决定,个人无法主动管理。(　　)

四、简答题

1.简述影响情绪产生和变化的因素。

2.如何正视情绪?

3.如何管理情绪？

4.简述情绪的功能。

五、辨析题

1.遇到不如意的事情时，我们可以任意表达情绪。

2.适度宣泄有助于降低情绪强度。

3.情绪是不能调节和控制的,在情绪面前每个人都无能为力。

4.只要环境舒适,人的情绪就一定积极。

六、案例分析题

小袁是中职学校二年级的一名学生,她刚刚和队友代表学校参加全国职业院校技能大赛。遗憾的是,他们没有获得奖项。这让小袁感到特别难过。她和队友是带着全校师生的殷切期望来参赛的,老师和同学们还等着为他们庆功呢。小袁越想越伤心,可是她又觉得伤心是不好的情绪,只好强忍着,让自己看起来像什么事也没有发生一样。

1.分析小袁的情绪及其成因。

2.结合案例,提出帮助小袁正视情绪的建议。

第六课　呵护花季 激扬青春

知识梳理

一、青春正当时

1.青春的我

(1)身体发育走向成熟。青少年期是个体生长发育的第二个高峰期。

(2)自我意识进一步增强。

(3)抽象思维能力逐渐提升。

(4)情绪管理能力逐渐提高。

(5)逐渐走向独立。

2.不一样的你我他

青少年的身心发展特点存在一定普遍性,但人与人之间又具有一定的个体差异。

(1)身体发育差异。每个人进入青春期的时间、发育的速度及性成熟的时间并不一样。

(2)心理特征差异。每个人的性格、能力及兴趣等心理特征各不相同。

(3)人与人之间的身心发展差异在一定程度上受到遗传影响,也与成长环境密切相关。

二、萌动的青春情

1.爱与责任

(1)责任是爱情不可或缺的部分。

(2)拥有美好的爱情还需要有爱的能力。

(3)爱情不是人生的全部。学业、事业,亲情、友情都是生活的重要组成部分。

2.呵护花季健康

(1)在青少年期,出现性欲望、性幻想以及性梦是人的生殖系统逐渐发育成熟、身心发展的正常现象。

(2)青少年身心发展尚未成熟,也缺乏社会阅历,还没有能力承担过早发生性行为带来的后果。

(3)青少年遭遇性骚扰和性侵害的风险较高,要注意预防性骚扰、性侵害。

生活感悟

什么是青春?

青春是友谊的天堂,是脸上划过的泪痕,是扬起的风帆。

青春是无悔的,犹如那破茧的蝴蝶,飞过蔚蓝的天空。天高云淡,微风习习,空气中,有一股淡淡的花香,那是青春的味道,让人向往,让人迷恋。

青春犹如一幅由我们共同画出的美丽的画卷,时时刻刻变换着自己的色彩。或红或绿,或紫或粉,五彩斑斓。热情的黄色,暖心的红色,神秘的蓝色,一笔笔,伴着我们的任性,也伴着我们的努力。笔尖流淌的,是一滴一滴的汗,也少不了一滴一滴的泪。这是青春的画卷,更是追梦的画卷。

青春是一首歌,唱出了我们的激情。那梦想的火苗,在青春的歌声里游荡,像个调皮的孩子,肆意挥洒着。那或高或低的旋律,诉说着我们对青春的理解。

青春是一个美丽的世界,有张扬,也有无奈。这些无奈,来自成长,来自竞争。当青春一页页翻过时,我们庆幸青春,追求梦想。

青春是人生路上的一个驿站,是我们一次短暂的相聚。无论今后走向何方,我们都珍惜这次相聚,珍惜青春。感谢青春,感谢岁月,感谢生活。

【思考】

你眼中的青春是什么呢?正值青春的你该如何面对生活中的挑战呢?

习题演练

一、填空题

1.青春期是从__________到__________的过渡期，进入青春期后，个体的__________和__________都会发生巨大变化。

2.青春期是个体生长发育的第二个高峰期，这一时期，个体的__________急剧增加，心肺功能发展迅速，肌肉力量明显增强，__________系统也逐渐发育成熟。

3.青春期身体的快速发育和性成熟，与__________系统分泌的激素密切相关。

4.由于每个人的__________和__________不同，因此个体的成长也会表现出自己的独特性。

5.__________是爱情不可或缺的部分。

6.在学生时期，以__________的态度完成自己的学业，获得未来就业的__________，培养健全的人格和__________的能力，是未来维系爱情和家庭的重要基础。

7.在与异性交往时，应遵循__________、__________等原则，避免逾越正常交往的边界。

8.性骚扰是指违背他人意愿，以__________、__________、图像、__________等方式对他人进行带有性意味的冒犯或侮辱。

二、选择题

1.在青少年期，个体身体和心理的发展不包括（　　）。

A.身体发育逐渐成熟　　B.感觉能力显著增强

C.自我意识进一步增强　　D.情绪管理能力逐渐提升

2.能促进骨骼、内脏和肌肉等的生长，促进蛋白质合成，影响脂肪和矿物质代谢，在人体生长发育中起关键作用的是（　　）。

A.益生菌　　B.维生素　　C.性激素　　D.生长激素

3.下列关于爱情的表述，不正确的是（　　）。

A.在学生时期，爱情也可以是最重要的

B.责任是爱情不可或缺的部分

C.拥有美好爱情需要具备维护良好关系的能力

D.事业是维系爱情的重要基础

4.小苏总觉得自己是独特的，认为在别人身上出现的问题不可能出现在自己身上。这种认知属于（　　）。

A.假想观众　　B.自我重构　　C.个人神话　　D.自我独立

5.防范性骚扰、性侵害的正确做法是（　　）。

A.怀疑身边每个人　　B.在酒吧等公开场合与网友见面

C.避免深夜单独外出　　D.尽量走偏僻路径

6.青春，带着一份特殊的邀约，在这个时期，我们的身体会发生一定的变化，内心会面对一些新的问题，看待外部世界的观点也会有所改变。以下对青春的解读，正确的是（　　）。

A.青春绚丽多彩,坚持追求独特和标新立异

B.珍惜青春年华,杜绝结交异性朋友,远离异性情感

C.青春期的矛盾心理只会让我们产生烦恼

D.在追求外在美的同时,也要提高品德和文化修养,追求自身的内在美

7.(多选)关于呵护花季健康,下列说法中正确的有(　　)。

A.青少年要有自我保护的意识

B.青少年遭遇性骚扰、性侵害的可能性较小,不用担心

C.过早发生性行为会给青少年身心带来很大伤害

D.在青少年期出现性欲望是正常的,要注意养成健康向上的生活方式

8.(多选)关于健康的生活方式,下列说法中正确的有(　　)。

A.养成健康的生活方式,需要日积月累,不是一蹴而就的

B.健康的生活方式包括很多方面,如积极的生活目标、和谐的人际关系等

C.健康的生活方式是指有益于健康的习惯化的行为方式

D.健康的生活方式有助于身心健康

三、判断题

1.青春期是自我重构的时期,个体的自我意识会进一步增强,使个体最终获得对自我身份的认同,并形成稳定而成熟的自我。(　　)

2.进入青春期的个体只会经历身体的巨大变化。(　　)

3.美好的爱情离不开责任,也离不开爱的能力。(　　)

4.爱情三角理论认为,爱情包含三种成分:亲密、激情和浪漫。(　　)

5.把爱情看作自己人生的全部,是一种错误的认知。(　　)

6.进入青春期后,出现性欲望或性幻想是身心发展的正常现象。(　　)

7.青少年的心理特征是相同的。(　　)

8.小崔不喜欢冒险,也不太喜欢与人亲近,说明其人格的外向性较低。(　　)

9.进食障碍对人的身体没有影响。(　　)

10.性骚扰和性侵害的侵害者主要是陌生人。(　　)

四、简答题

1.进入青春期后,个体的身体和心理都会发生哪些变化?

2.简述个体的身心发展差异。

3.对于青少年来说,过早发生性行为会有哪些危害?

五、辨析题

1.进入青春期后,个体的情绪管理能力逐渐提高,情绪比较稳定。

2.健康的生活方式就是对自己的健康负责的态度和行为。

3.性欲望是肮脏的,青少年应彻底压抑这些感受。

六、案例分析题

中职一年级的小鲁动手能力强,专业技能掌握快,平时经常帮助其他同学,受到同学们的普遍认可。但是小鲁对自己很不满意,特别是为自己内向的性格而感到苦恼。因为他发现班上不少同学都非常活跃，说起话来滔滔不绝，很受欢迎。但是自己一开口就紧张，不知道说什么好，他很担心自己在同学眼中是个笨嘴拙舌的人。

结合所学知识，假如你是小鲁的好朋友，你会如何开导他呢？

第三单元
和谐交往 快乐生活

单元整体解读

与他人交往是我们日常生活和学习的重要部分。在与他人和谐相处的过程中，青少年要学会处理日益复杂的事务，努力练就本领，不断提升自身的综合能力。

在本单元，我们将学习如何理解父母、感恩父母，学习维系和谐的亲子关系的方法；了解师生关系，学会化解师生冲突，学习如何促进师生和谐相处，学习与同学友好相处和结交益友的技巧；掌握在集体生活中融入团队、合作共赢的方法；了解抵制校园欺凌、暴力和各种不良诱惑的重要性，学会应对校园欺凌和暴力；拒绝毒品，预防艾滋病，共同营造并维护和谐、安全的校园环境。

单元目标聚焦

知识目标

(1)了解亲子关系，感悟亲情对自我健康成长的重要作用。

(2)理解师生关系，认识到良好的师生关系对个人成长的重要性。

(3)掌握与同学友好相处的方法，理解团队合作的必要性和重要性。

(4)了解校园欺凌和暴力的类型及危害，认识不良诱惑的种类及危害。

能力目标

(1)学会正确对待和处理亲子冲突，提高维系亲子和谐关系的能力。

(2)学会理性化解师生矛盾，提高维护和谐师生关系的能力。

(3)在日常学习和生活中能与人友好相处，融入团队，提高团队合作能力。

(4)掌握应对校园欺凌和暴力的方法和策略，增强自我保护意识。

素养目标

(1)能够珍惜亲情，以实际行动感恩父母和其他长辈。

(2)增强集体意识和团队意识。

(3)了解相关法律知识，自觉抵制不良诱惑，养成健康向上的生活方式。

第七课　珍视亲情　学会感恩

知识梳理

一、浓浓亲情，相伴一生

1.相伴一生的亲情

(1)亲情与生俱来、割舍不断。

(2)亲情是身心健康成长的保障。

(3)亲情是规划未来人生的动力。

2.我和我的父母

(1)在婴儿时期，父母对孩子精心照料和抚育，形成了最初的亲子依恋关系，分为安全型依恋和不安全型依恋。

(2)随着子女年龄增长，亲子关系也不断发展，互相信任、亲密和谐的亲子关系是最理想的亲子关系。

(3)父母的教养方式、性格特点、童年经历，以及子女的个性特点，也影响着不同类型亲子关系的形成。

二、理解父母，学会感恩

1.珍视亲情，理解父母

(1)珍惜亲情，尊重父母。亲情是无法取代的感情，在与父母的交往中，要珍惜父母的关爱，感激父母的付出，尊重父母的建议。

(2)反躬自省，理解父母。每个人都有自己的优点和缺点，父母也不例外。

(3)换位思考，体谅父母。当对父母的做法不满意时，当父母偶尔做得不好时，应尝试站在父母的角度来思考。

(4)坦诚沟通，信赖父母。我们要与父母坦诚沟通，让父母知道我们的喜怒哀乐和所思所想，从而消除误会，增进彼此间的理解和信任。

2.心怀感恩，让爱生爱

(1)饮水思源，感恩父母。只有真正懂得父母的爱与付出，才会真心感恩父母。

(2)行胜于言，孝敬父母。孝敬父母要铭于心、宣于口，还要践于行。

(3)珍惜亲情，回报父母。要珍惜父母对我们的爱，并采用适当方式回报父母。

生活感悟

孟母三迁

孟子是战国时期的大思想家。孟子从小丧父，母亲没有改嫁，挑起生活重担。孟母是个勤劳又有见识的妇女，她希望自己的儿子读书上进，早日成才。

起初，母子住在墓地附近。一天，孟子看到一支穿着孝服的送葬队伍，哭哭啼啼地抬着棺材来到坟地，几个精壮小伙子用锄头挖出墓穴，把棺材埋了。孟子觉得挺好玩，就模仿他们。

孟母觉得这地方不适合居住，于是将家搬到集市旁，孟子又学着做买卖。孟母觉得这个地方还是不适合居住。

于是孟母又搬家了。这次家的隔壁是一所学宫。孟子学会了礼节。孟母很是高兴，遂居于此。

【思考】

通过“孟母三迁”的故事，除环境对人有影响之外，你还能感悟到什么？

习题演练

一、填空题

1.__________是呵护我们成长的摇篮，是温暖心灵的港湾。

2.亲情与生俱来、割舍不断，亲情是身心健康成长的________________和规划未来人生的________________。

3.在婴儿时期，父母与孩子之间形成了最初的亲子依恋关系，分为________________依恋和________________依恋。

4.最理想的亲子关系是互相信任、__________的亲子关系。

5.在人际交往中，__________是重要的为人处世方式，是融洽人际关系的润滑剂。

6.父母赋予我们生命，抚育我们成长，教给我们__________、技能和__________的道理。

7.孝敬父母要__________、__________，还要践于行。

8.要珍惜父母对我们的爱，并采用适当的方式__________。

二、选择题

1.和谐的亲子关系表现为(　　)。

A.父母替子女做所有决定　　B.亲子之间互相尊重、信任

C.亲子之间没有任何冲突　　D.父母与子女各自坚持自己的立场

2.在一次数学考试中，因为题目较难，小飞的分数刚刚及格，爸爸不问青红皂白就批评了他。小飞虽然心里很委屈，但他想爸爸也是为自己好，所以他选择了委婉地向爸爸解释。这说明小飞做到了(　　)。

A.重视父母　　B.孝敬父母

C.信赖父母　　D.体谅父母

3.“百善孝为先”告诉我们要(　　)。

A.孝敬父母　　B.尊重他人

C.宽以待人　　D.自强不息

4.“父母者，人之本也。”这句话的意思是(　　)。

A.当父母是人的本性　　B.父母也是人，也有本能

C.父母是人性的根本　　D.父母给了我们生命，是我们的根本

5.小贝在学校努力学习，凭借优异的成绩和综合素质获得了奖学金，她用奖学金为父母买了他们喜欢的礼物。这说明小贝做到了(　　)。

A.不懂得关心自己　　B.用行动获得别人的赞美

C.对父母盲目顺从　　D.珍惜亲情，回报父母

6.电影《你好，李焕英》中，“贾晓玲”穿越到妈妈“李焕英”的青年时期，想方设法让她高兴，虽然闹出不少笑话，但也让人感受到母女情深。珍惜身边的“李焕英”，我们要(　　)。

①尊敬父母，听取他们的所有意见和建议

②认真学习，等将来有能力再孝敬父母

③感恩父母,承担力所能及的家务

④理解父母,加强与父母的交流和沟通

A.①③　　B.①②　　C.③④　　D.②④

7.“你的嘘寒问暖,我知道是为我好的,但又让我觉得,我不曾被信任着……”歌曲《是妈妈是女儿》通过两代人书信对话的形式,呈现出母女间的内心独白,表达彼此的牵挂。针对歌词中的“爱的碰撞”,正确的做法是(　　)。

A.保持个性,在与父母相处中始终坚持自己的观点

B.委曲求全,尝试用父母能接受的方式进行沟通

C.审视父母给予我们的爱,挑战他们的权威与经验

D.试着去接纳父母的做法,理解父母的良苦用心

8.以下关于亲子依恋关系的描述,正确的是(　　)。

A.安全型依恋会导致孩子缺乏安全感

B.不安全型依恋是父母过度溺爱的结果

C.亲子依恋关系类型在婴儿期形成后不再改变

D.安全型依恋是理想亲子关系的基础

9.(　　)不属于影响亲子关系形成的因素。

A.父母的童年经历　　B.子女的个性特点

C.家庭经济条件　　D.父母的教养方式

10.(多选)亲子之间或多或少都会有些冲突或隔阂,下列有助于化解亲子冲突、增进亲子关系的有(　　)。

A.换位思考,坦诚沟通　　B.反躬自省,尊重父母

C.减少接触,避免矛盾　　D.各管各的,减少摩擦

三、判断题

1.有感恩父母的心就行了,不用表现出来。(　　)

2.和谐的亲子关系主要靠父母来维护。(　　)

3.亲子关系是一成不变的。(　　)

4.有的婴儿在父母离开时,会生气、哭闹、焦虑,对陌生人冷漠,这是安全型依恋的表现。(　　)

5.亲子关系可能是亲密和谐的,也可能是疏远或冲突的。(　　)

6.职业生涯规划是个人的事情,不受父母影响。(　　)

7.放假在家时,让父母自己做家务。(　　)

8.父母“唠叨”是关心子女的表现。(　　)

9.换位思考是一种有效处理亲子冲突的方式。(　　)

10.坦诚沟通可以消除亲子间不必要的误会。(　　)

四、简答题

1.简述亲情的重要性。

2.化解亲子冲突有哪些方法?

3.“羔羊跪乳尚知孝,乌鸦反哺孝亲颜”,我们应该如何回报父母?

五、辨析题

1.现代亲子之间产生矛盾与冲突,出现关系不和谐的情况,完全是受父母对孩子态度影响的结果。

2.尊重父母、体谅父母,有助于增进亲子关系。

3.父母永远是正确的,子女应无条件接受父母的建议。

六、案例分析题

班主任给同学们布置了一项家庭作业——用实际行动向家里的某位长辈表达自己的爱。同学们纷纷说出自己的打算。小杨说："我想送妈妈一个漂亮的发饰，我妈妈爱美，她肯定喜欢。"小贺说："奶奶每天做家务很辛苦，周末我把家务全包了，让奶奶好好休息一下！"小雷说："我和我爸平时很少交流，我想主动找他'汇报'一下我的真实想法。"小元说："我要陪姥爷下象棋。"大家七嘴八舌，纷纷讲出了自己感恩亲人、对亲人表达爱的方式。

结合案例，谈谈如何用恰当的方式感恩亲人、对亲人表达爱。

第八课 良师相伴 亦师亦友

知识梳理

一、良师相伴，助力成长

1.认识师生关系

(1)师生双方应互相尊重、关心、理解、信任，形成和谐的师生关系。

(2)在现实生活中，师生关系也可能存在冷淡甚至其他不和谐的情况。

2.和谐师生情，润物细无声

(1)良好的师生关系有助于学生的学业发展。

(2)良好的师生关系有助于塑造学生的良好品德。

(3)良好的师生关系有助于学生的心理健康。

二、化解冲突，促进和谐

1.理性化解师生冲突

(1)换位思考，理解老师。当师生关系出现问题时，学生要学会换位思考，冷静客观地分析原因。

(2)保持理性，避免冲动。学生要虚心听取老师的教诲，理性对待老师的评价。

(3)坦诚相待，彼此信任。坦诚相待是消除误会的法宝。

2.真诚促进师生和谐

(1)言行有礼。尊敬师长是中华民族的传统美德。

(2)勤学好问。勤奋好学、虚心求教可以增加与老师互动的机会，促进学业进步。

(3)主动交往。良好的师生关系是在日常互动中逐渐建立起来的。

(4)真诚关心。人与人之间的关心是相互的，这是建立良好人际关系的前提。

生活感悟

程门立雪

宋朝的时候，有个叫杨时的进士。他特别喜欢钻研学问，到处寻师访友，曾就学于著名学者程颢门下。程颢去世后，杨时又拜程颐为师。当时，杨时学问已经很高了，但他仍然谦虚谨慎，不骄不躁，尊师敬友，也因此深得程颐的喜爱，被程颐视为得意门生，得其真传。

一天，杨时同一起学习的游酢向程颐请教学问，却不巧赶上老师正在屋中闭目养神，他们不忍心打扰老师，于是两人静立门口，等老师醒来。

这时，寒风呼啸，大雪纷飞，杨时和游酢却还立在雪中。程颐一觉醒来，才赫然发现门外的两个"雪人"。程颐深受感动，更加尽心尽力向他们传授知识。

【思考】

中华民族自古以来就有尊敬师长的优良传统，我们该如何回报那些对我们谆谆教导的老师呢？

习题演练

一、填空题

1.在求知的道路上,我们会遇到许多可敬可爱的老师,既有在课堂上传授__________的老师,也有在实践中传授__________的师傅。

2.老师应以__________的方式对待学生,与学生一起制订学习目标和学习计划,关心爱护学生。

3.在现实生活中,师生关系也可能存在__________甚至其他__________的情况。

4.孔子用“__________,__________”教导弟子学会换位思考。

5.良好的师生关系有助于塑造学生的__________。

6.在与老师的交往中,要把握分寸,既要换位思考、__________老师,又要保持__________、避免冲动。

7.__________是消除误会的法宝。

8.__________是中华民族的传统美德,也是每一位学生应该遵守的行为准则。

二、选择题

1.下列不属于良好师生关系特征的是(　　)。

A.教学相长　　B.尊师爱生　　C.民主平等　　D.敬而远之

2.为了得到老师的关注和肯定,我们可以采用的做法有(　　)。

A.在实操课上不听老师的讲解就抢先完成任务

B.课堂上不断举手抢答

C.主动向老师问好,使用礼貌用语

D.课后围着老师转

3.在接受老师关爱的同时,我们也要心怀感恩,以适当的方式主动向老师表达谢意和关心,这些有利于建立良好师生关系的行为可以概括为(　　)。

A.勤学好问　　B.言行有礼　　C.主动交往　　D.真诚关心

4.面对学生众多的问题,老师有时候无法全面了解情况,从而导致师生之间产生误会或冲突。面对老师的误会,学生应该(　　)。

A.与老师激烈争执　　B.不管什么场合,立刻向老师解释

C.完全服从老师,自己受些委屈　　D.找机会向老师坦诚解释,消除误会

5.小何在班里很安静,从不主动与老师讲话,碰到老师就躲着走。开学两个月了,小何还不能认全所有的任课老师。小何与老师的关系属于(　　)式。

A.和谐　　B.冲突　　C.亲密　　D.疏远

6.以下关于师生关系的描述,错误的是(　　)。

A.师生双方应互相尊重、关心、理解、信任

B.现实中师生关系可能存在冷淡或不和谐的情况

C.和谐的师生关系仅对学生的学业发展有帮助

D.良好的师生关系有助于学生心理健康

7.化解师生冲突的正确方法是(　　)。

A.坚持己见,与老师争论到底　　B.换位思考,冷静分析冲突原因

C.暂时回避,避免与老师沟通　　D.要求老师主动道歉

三、判断题

1.和谐的师生关系是一种互相尊重、关心、理解和信任的关系。(　　)

2.师生关系不会影响学生的学习效果。(　　)

3.坦诚相待是避免和消除师生误会的重要方法。(　　)

4.老师应该尊重学生,让学生自己制订学习计划和学习目标。(　　)

5.师生关系只是教与学的关系。(　　)

6.良好的师生关系有利于学生的成长和发展。(　　)

7.向老师主动问好,上课积极回应,既是对老师的尊重,也是建立良好师生关系的重要途径。(　　)

8.用正确的态度和恰当的方式指出老师的错误,体现了对老师的尊重。(　　)

9.为了避免与老师产生矛盾冲突,应尽量避免与老师交流或接触。(　　)

10.在课堂上,老师不允许学生合理表达自己的想法。(　　)

11.师生关系一旦形成就不会出现不和谐的情况。(　　)

四、简答题

1.良好的师生关系可以起到哪些积极作用?

2.简述化解师生冲突的有效方法。

3.作为学生,我们应该如何建立和谐融洽的师生关系?

4.良好的师生关系包括哪些特征?

五、辨析题

1.教育惩戒是对学生的一种惩罚。

2.构建和谐的师生关系,只需要发挥老师的作用就可以了。

3.只要学生成绩好,师生关系自然会和谐。

六、案例分析题

小秦是中职学校电气设备运行与控制专业的学生。根据学校安排，这个学期他要在工厂车间跟师傅实习。刚开始小秦很兴奋，因为他一直想利用实习的机会实践和提高自己的专业技术。令他郁闷的是，实习都一个月了，除了跟着师傅检查设备，他每天做的就是整理工具、打扫卫生等琐碎工作，并没有真正接触到专业技术。有一次，师傅又让他整理工具，小秦忍不住抱怨说："您每天就让我干这些杂活儿，一点技术含量都没有，跟着您，我什么也学不到！"说完他就转身离开了车间。

结合案例，如果你是小秦，接下来会如何处理这件事情？

第九课 友好相处 学会合作

知识梳理

一、相伴相助，融洽相处

1.和谐相伴同学情

和谐的同学关系是学生心理健康和个人发展的有力保障。

(1)和谐的同学关系有助于满足学生归属和交往的心理需要。

(2)和谐的同学关系促进个人发展。

2.友好相处有方法

(1)提升自身修养。

(2)学会认真倾听。

(3)善于有效沟通。

(4)正确处理矛盾。

二、结交益友，学会合作

1.志同道合，友谊长久

(1)择善而交。朋友对我们的成长具有潜移默化的影响，要慎重选择朋友，多交志同道合的朋友。

(2)友爱互助。友谊的维系要以友爱互助为原则，要与人为善，乐于帮助别人，同时也要善于求助他人。

(3)共情包容。共情包容是友谊的润滑剂，能“化干戈为玉帛”，让友谊更长久。

(4)志同道合。志同道合是友谊的最高境界。志趣相投、目标一致的朋友才能一路同甘共苦、相互扶持、共同进步。

2.融入团队，合作共赢

(1)明确目标，融入团队。团队是有共同目标的，作为团队中的一员，我们要把个人行动融入团队目标。

(2)发挥所长，分工合作。团队不同于个体，团队要求成员之间分工合作，各司其职。

(3)乐于付出，共同进步。个人的力量是有限的，只有积极融入团队，才能得到更好的发展。

生活感悟

中国女排精神

2015 年女排世界杯，是郎平再次出任中国女排主教练之后迎来的第二场世界大赛。在郎平的精心指导下，女排队员们已经为出征世界杯做好了一切准备，然而，意外却在此时悄然而至。

在队伍出战前的最后关头，主力队员、队长惠若琪突然感到胸闷不适，把她第一时间送医后，全队却等来了“惠若琪的心脏病情复杂，已经不能完成比赛任务”的消息。

惠若琪缺席世界杯，无疑给中国女排的排兵布阵带来了极大挑战。

困难面前怎么办？唯有依靠团结协作。

得到惠若琪不能上场的消息后，郎平与教练组成员连夜修改“作战”计划，并抓紧利用世界杯开赛前的一切时间，努力尝试各种不同的人员组合方案。那段时间，教练员和队员们说得最多的话是：“不要存在任何幻想，无论胜负输赢，我们都必须坚持到底，有 1%的希望就要尽 100%的努力，要依靠集体的力量，依靠团结协作、永不放弃的精神！”

最终，中国女排凭借高度的默契和精准的配合，一分一分打，一球一球拼，终于在 2003 年之后再次站上了世界杯的冠军领奖台。在领奖台上，年轻的女排队员们没有忘记那些因伤病无法随队出征的“战友们”，她们展开了惠若琪等队友的球衣，用这种特殊的方式，向世人说明——中国女排永远是一个坚不可摧的强大集体！

【思考】

阅读了中国女排的故事，你能从中收获哪些关于团队合作的启示呢？

习题演练

一、填空题

1.和谐的同学关系是学生__________和__________的有力保障。

2.当__________和__________的心理需要得到满足时，我们就会心情愉悦、积极乐观。

3.__________良好能促进青少年社会化的发展，为青少年获得成熟的社交技能提供重要机会。

4.__________他人说话，可以让他人感受到尊重和重视。

5.友谊的维系要以__________为原则。

6.__________是站在他人的角度体会对方的感受，分为__________共情和__________共情。

7.团队合作能力是__________、__________、取得职场成功的必备素质。

8.在团队中，每个人都不可能__________，但是都会有自己的__________。

二、选择题

1.拒绝他人时，错误的做法是(　　)。

A.先肯定，再拒绝　　B.模棱两可、犹豫不决

C.先解释，再拒绝　　D.看场合，再拒绝

2.团队合作的基础是团队成员(　　)。

A.相互信任　　B.有良性冲突　　C.有强烈的责任感　　D.有共同的目标

3.“近朱者赤，近墨者黑”，这句话告诉我们在与人相处时应(　　)。

A.团结友爱　　B.择善而交　　C.互相珍惜　　D.共情包容

4.和谐的同学关系能够促进个人发展，但是在与同学的交往中，我们不应(　　)。

A.学习榜样　　B.坦诚交流　　C.互相支持　　D.过度依赖彼此

5.小郑期末考试成绩下降严重，他非常难过。下列语句中最能体现共情的是(　　)。

A.一个期末考试而已，想开点

B.难过没有用，还是好好总结一下失败的原因

C.我知道你平时很用功，这次没考出理想成绩，我能理解你的难过

D.胜败乃兵家常事，不要太在意

三、判断题

1.当归属和交往的心理需要得到满足后，我们会心情愉悦。(　　)

2.有效沟通就是对别人一味迁就。(　　)

3.我们无须与人合作，一个人也可以走得很远。(　　)

4.良好的同学关系取决于双方的契合程度，不需要建立和维系。(　　)

5.小卫性格内敛，在与同学交往时常害羞、回避，经常被同学们忽视，他在集体中的同伴关系类型属于被拒绝型。(　　)

6.友谊的维系要以友爱互助为原则。(　　)

7.与同学和谐相处就是要接纳他们所有不同的观点,按照他们的意见去做。(　　)

8.赠人玫瑰,手有余香。(　　)

9.当今社会的很多工作、任务都需要与他人合作完成。(　　)

10.听他人说话时,不时看看手机。(　　)

四、简答题

1.如何建立和维系良好的同学关系?

2.我们应该如何进行团队合作?

五、辨析题

1.和谐的同学关系对我们有重要作用。

2.甲:与朋友相处要坦诚并坚持原则,对于朋友的过失和不足之处,无论大小都要明确指出。如果不改正,就必须和他断绝朋友关系。

乙:对待朋友要宽容大度,互相体谅,无论朋友犯了什么错误,我们都要理解并支持。

六、案例分析题

体育委员小章在统计课间操人数时发现少了两人。其中,一位同学因病请假,而另一位同学小沈没有请假,属于无故缺勤。于是,小章就把小沈的名字记下来报给了老师。老师在随后的课上对小沈进行了点名批评。小沈对此特别生气,也感到委屈,因为她是陪生病的同学去医务室了。课后,小沈生气地质问小章:"为什么把我的名字报给老师?你怎么不先问问我原因?你太不近人情了!"

如果你是小章,你会如何化解与小沈的冲突?

第十课 和谐校园 共同维护

知识梳理

一、抵制校园欺凌和暴力

1.识别校园欺凌和暴力

(1)校园欺凌和暴力有不同的类型,包括身体欺凌和暴力、言语欺凌和暴力、关系欺凌和暴力等。

(2)校园欺凌和暴力有很大危害,严重干扰和影响我们正常的学习和生活。

2.对校园欺凌和暴力说“不”

(1)增强防范意识,学会自我保护。

(2)机智应对校园欺凌和暴力。

(3)当校园欺凌和暴力事件发生时,旁观者也应伸出援助之手,不能成为事件的局外人,更不能成为参与者。

二、筑牢心灵的防火墙

1.辨识不良诱惑

(1)在青少年阶段,我们的身体快速发育,性意识开始萌动,对性的好奇心格外强烈,但由于性生理和性心理还不成熟,容易被外界不良诱惑所吸引。

(2)有些青少年沉迷网络游戏,在虚拟世界中打拼、搏杀以获得心理上的满足,其思想和情感容易与现实生活脱节,危害身心健康。

(3)赌博败坏社会风气、滋生违法犯罪,直接危害人民群众财产安全和社会稳定,还会助长不劳而获、投机取巧的不良风气等。

(4)毒品能让人成瘾,一旦进入人体,就会影响人的神经系统,破坏人体生理机能和新陈代谢,并引发多种疾病。

(5)艾滋病发病率在青少年群体中呈上升趋势,艾滋病主要的传播途径是性传播、血液传播和母婴传播。

2.自觉抵制不良诱惑

(1)积极参加有益身心健康的文体活动,把时间和精力放在学习上。

(2)坚决远离“黄色”诱惑,抵制毒品,预防艾滋病。

生活感悟

和谐校园，人人有责

2024年，一段骇人听闻的视频在网络疯传，画面中，一名身着黑衣的学生手持板凳，击打白衣同学，现场血迹斑斑，令人不寒而栗。这起发生在某市一所职业学院的校园暴力事件，如同一把尖刀，刺痛了无数人的心。受害者崔某与施暴者魏某，本应同窗共读、携手成长，却因一些冲突酿成了一场令人扼腕的悲剧。

据官方通报，事发当日，崔某与魏某在教室内嬉戏打闹并在这一过程中发生争执。情绪激化的魏某丧失理智，拿起身边的板凳，猛烈击打崔某的背部与头部，导致其头部受重伤倒地。学院在第一时间将崔某送往医院救治。虽然崔某伤情稳定，暂无生命危险，然而，这场突如其来的暴力风暴，无疑给崔某的身心留下了难以抹去的创伤。

面对如此恶劣的校园暴力事件，该市迅速成立联合调查组，对事件展开深入调查与严肃处理。公安机关依法对魏某采取强制措施，对其犯罪行为进行立案侦查。同时，针对该学院在安全管理方面的疏漏，相关部门启动深入调查，对相关责任人依法依纪严肃追责。此外，官方明确表示将加大校园的法治教育力度，强化安全管理措施，以期杜绝此类事件的再度发生。

事件曝光后，引起社会的广泛关注。不久，网络上又流传着受伤学生崔某因伤势过重不幸离世的传言，引发公众恐慌与愤怒。对此，该市迅速辟谣，证实崔某尚在医院接受治疗，生命体征平稳。警方的及时介入与权威发声，有效遏制了谣言的扩散，维护了信息的真实性与社会稳定。

【思考】

常见的校园欺凌和暴力有哪些类型？校园欺凌和暴力会带来哪些危害？

习题演练

一、填空题

1.__________、温馨和谐的校园环境为我们的学习和生活提供了保障。

2.校园欺凌和暴力是指发生在校园内外、学生之间，一方(个体或群体)单次或多次蓄意或恶意通过肢体、言语及网络等手段实施__________、__________，造成另一方(个体或群体)身体伤害、财产损失或__________等的事件。

3.根据严重程度，校园欺凌和暴力行为可以分为__________、__________和__________。

4.校园欺凌和暴力有不同的类型，包括__________欺凌和暴力、__________欺凌和暴力、__________欺凌和暴力等。

5.对于校园欺凌和暴力，我们要__________、守规矩、__________，增强自我保护意识和能力。

6.在成长过程中，我们会遇到有害信息、__________、__________，甚至毒品等不良诱惑。

7.艾滋病主要通过三种途径传播，分别是__________传播、__________传播和__________传播。

8.我们要遵守__________、__________和法律法规，养成健康的生活方式，坚决抵制不良诱惑。

9.当校园欺凌和暴力事件发生时，__________永远是第一位的，不要去激怒对方，要学会机智周旋。

10.要主动承担起对自己、对家庭、对社会的责任，追求自己的__________，实现生命的价值和意义。

二、选择题

1.经常戏弄或辱骂同学的行为属于(　　)。

A.关系欺凌和暴力　B.身体欺凌和暴力　C.言语欺凌和暴力　D.网络欺凌和暴力

2.关于抵制不良诱惑，下列说法中错误的是(　　)。

A.锻炼自己的意志力　B.有时也可以不抵制，就当放松一下

C.要提高自身的识别和抵制能力　D.培养高尚的志趣和情操

3.毒品会严重损害健康。下列选项中不属于《中华人民共和国刑法》规定的毒品的是(　　)。

A.吗啡　B.咖啡　C.鸦片　D.可卡因

4.校园欺凌和暴力对施暴者的负面影响通常不包括(　　)。

A.变得更暴躁　B.行为失控　C.可能违法犯罪　D.遭受身体创伤

5.直播火了，本应传播真善美的镜头，却上演打擦边球、超出底线的恶俗炒作行为；本是讲文明风尚的网络空间，竟成了传播虚假信息的温床……这启示我们要(　　)。

A.投身直播事业，让生活更美好　B.抵制不良诱惑，拒绝网络信息

C.增强猎奇心理，广泛结交网友　D.提高辨别能力，提升媒介素养

6.有关“校园欺凌”的话题总是会引发关注。校园欺凌绝非学生之间的“小打小闹”，很可能成为影响青少年一生的梦魇。遭遇校园欺凌时，下列建议合理的是(　　)。

①讲究策略，收集证据，依法维权

②退一步海阔天空，一味包容忍让

③呼朋唤友，以牙还牙，斗争到底

④及时寻求老师、家长的帮助或报警

A.②③　　B.①②　　C.①④　　D.③④

7.(多选)小薛通过威胁、恐吓等手段，多次向低年级同学索要零花钱。对此，下列说法中正确的有(　　)。

A.对小薛的行为要坚决抵制，对他要严加惩戒

B.小薛如果不加以改正，容易走上犯罪的道路

C.小薛的行为属于校园欺凌和暴力

D.小薛只是有点调皮，以后自然会好

三、判断题

1.在网络上多次散布他人的谣言也是一种欺凌。(　　)

2.偶尔吸食一下毒品没有关系，不会上瘾。(　　)

3.和艾滋病患者一起吃饭容易被感染。(　　)

4.网络游戏可以让我们在不知不觉中迷失自我。(　　)

5.校园欺凌和暴力只会对施暴者造成影响，旁观者不会受到影响。(　　)

6.当校园欺凌和暴力事件发生时，我们首先应想到的是采取坚决的反击。(　　)

7.线下赌博比网络赌博更隐蔽。(　　)

8.校园欺凌和暴力与一般暴力行为没有根本区别。(　　)

9.受到校园欺凌和暴力后，我们应选择默默忍受。(　　)

10.当校园欺凌和暴力事件发生时，旁观者应伸出援助之手。(　　)

四、简答题

1.面对校园欺凌和暴力，我们应该怎么做?

2.简述抵制不良诱惑的方法。

3.简述应对网络欺凌和暴力的方法。

五、辨析题

1.校园欺凌和暴力是受害者的噩梦,同时也是欺凌和施暴者的噩梦。

2.大赌伤身，小赌怡情，偶尔玩一次没关系。

3.面对校园欺凌，旁观者最好保持沉默，避免引火烧身。

六、案例分析题

小何是中职学校电子商务专业的一名学生，同时也是班里的纪律委员。小何平常学习认真，做事一丝不苟。一次，班里一位因睡懒觉而上课迟到的同学被小何记了名字，那位同学知道后便开始抱怨她。起初，小何没有太在意，但有一天小何的好朋友发给她一张截图。截图是上次那个迟到的同学发的朋友圈，上面写着对她谩骂、侮辱的文字，还配了一张恶搞她个人照片的图片。更让小何难过的是，下面竟然有多位同学的点赞，甚至还有对她的谩骂。小何很想立刻当面回击那位同学，但是理智告诉她不能以暴制暴。小何冷静下来，保留了截图等证据，及时向老师反映情况。最终,在老师的教导下,参与网络欺凌和暴力行为的同学都意识到了自己的错误,删除了不良言论并向小何道歉。

结合上述案例,分析在遭遇网络欺凌和暴力后,我们可以采取哪些恰当的应对措施。

第四单元
学会学习 终身受益

单元整体解读

学习是人类进步的阶梯，学习可以增长知识、完善品德、提高能力，学会学习是个体发展的关键素养。学习需要有明确的学习目标、积极的学习态度、科学的学习方法、高涨的学习动机，还要合理规划时间，并学以致用。

在本单元，我们将学做主动的学习者，学做高效的学习者；合理规划学习时间，巧妙运用学习策略和记忆规律，提高专业技能；认识终身学习的要求，掌握数字化学习方法，提升信息素养，树立终身学习意识。

单元目标聚焦

知识目标

(1) 正确认识学习与自我成长、社会发展的关系，端正学习态度，不断增强学习的内驱力，养成良好的学习习惯。

(2) 了解社会发展对学习提出的新要求，认识终身学习的重要性。

能力目标

(1) 掌握高效学习的方法，探寻适合自己的高效学习方法，不断提升高效学习的能力。

(2) 了解数字化学习能力和信息素养的内容及要求，自觉提高数字化学习能力和信息素养。

素养目标

(1) 养成良好的学习习惯，做主动的学习者。

(2) 树立终身学习的意识，提高终身学习的能力。

第十一课 主动学习 高效学习

知识梳理

一、做主动的学习者

1.主动学习者的特点

(1)积极的学习态度。
(2)清晰的学习目标。
(3)适宜的学习动机。
(4)浓厚的学习兴趣。
(5)灵活多样的学习形式。

2.如何成为主动学习者

(1)端正学习态度。
(2)明确学习目标。
(3)激发学习动机。
(4)培养多种兴趣。
(5)善用多种学习形式。

二、高效学习之道

1.珍惜时间,合理规划

(1)要珍惜在校学习时间,利用好宝贵的学习时光。
(2)战胜拖延,立即行动。拖延是时间管理的天敌。
(3)了解自己的最佳学习时间。
(4)优先安排重要不紧急的学习任务。
(5)有效利用零碎时间。

2.学习有方,科学高效

(1)善于运用学习策略,提高课堂学习效率。
(2)巧妙利用记忆规律,巩固所学知识。
(3)灵活运用学习迁移,促进活学活用。
(4)通过长期刻意练习,掌握专业关键技能。

生活感悟

主动学习收获多

小周是中职学校中餐烹饪专业的学生。他酷爱钻研厨艺，学习动力十足。在学校，他认真学习烹饪工艺、烹饪原材料等知识，努力掌握烹调技术。和同学外出就餐时，遇到让大家赞不绝口的菜肴，他就会和同学讨论菜肴的食材和烹饪方法。小周的长辈中也有几位厨艺高手。每次家庭聚餐，小周都喜欢到厨房做长辈的助手，和他们交流厨艺心得，还很用心地把自己观察到的独特配方记录下来。

小周很喜欢向网上的厨艺大师们学习，经常观看饮食文化纪录片，揣摩中国人不同的饮食习惯和味觉审美。家里的厨房是小周的厨艺“实验基地”，他会根据自己从多种渠道获得的菜肴烹调技术，尝试制作各种菜肴，让家人品鉴，并乐此不疲。

【思考】

读完上述材料，谈谈要成为一名主动学习者，我们应该做些什么。

习题演练

一、填空题

1.__________,__________,是梦想变为现实的桥梁。

2.任何从经验中获得__________或__________,并由此带来心理或行为相对持久变化的活动,都属于学习。

3.__________是指个体在学习活动或学习情境中所表现出来的一种稳定的心理倾向。

4.__________是激发、指向并维持学习行为的动力来源,可以分为__________动机和__________动机。

5.__________是学生的首要任务,必须全力以赴。

6.目标设定要符合__________,通过努力能够实现。

7.在复习阶段,要重视记忆的__________和__________,不断调整复习内容的先后顺序。

8.__________是指先前掌握的知识或技能会影响随后的学习活动。

二、选择题

1.主动学习者具有(　　)的学习动机。

A.高水平　　B.适宜　　C.低水平　　D.中等水平

2.了解职教高考信息后,小冉就在心里默默许下愿望,一定要考上心仪的大学。这说明小冉具有(　　)。

A.适宜的学习动机　　B.积极的学习态度

C.清晰的学习目标　　D.浓厚的学习兴趣

3.“举一反三,触类旁通”,说的是(　　)。

A.学习效率　　B.学习计划　　C.专业技能　　D.学习迁移

4.(　　)是一种获取知识、掌握技能的方式。

A.学习目标　　B.学习兴趣　　C.学习形式　　D.学习动机

5.“非学无以广才”,这句话强调应重视(　　)。

A.理想　　B.时间　　C.学习　　D.进步

6.期中总结表彰会上,学习委员小伊给同学们分享了自己的学习经验:“第一,课前预习是非常关键的一点。第二,课堂上要认真听讲。第三,学习效率也是一个大问题。因为,时间不在于你拥有多少,而在于你怎样使用。第四,培养自己对每一门学科的兴趣。第五,要准备一个错题本……”根据她的经验,我们应该(　　)。

①学会自主学习,科学安排时间

②发现并保持学习兴趣,做到全面发展

③养成良好的学习习惯,提高学习效率

④树立长远的学习目标,不断给自己加压

A.①②④　　B.①②③　　C.①③④　　D.②③④

7.(多选)小范学习的是机电技术应用专业。寒假期间,他每天都在舅舅的家电维修公司学习家电维修，他根据叔叔的指导不断练习，专业技能得到了很大的提高。这说明他（　　）。

A.运用学习迁移，促进了活学活用　　B.利用记忆规律，巩固了所学知识

C.遵循遗忘规律，及时复习了所学知识　　D.通过刻意练习，掌握了专业技能

8.（多选）小王从小喜爱汽车，立志长大后从事汽车相关工作。中考后，他如愿进入一所中职学校学习汽车运用与维修专业。他认真学习、主动钻研，利用实习实训时间，积极向校内外的技术能手学习，收获了很多。小王具有的主动学习者的特点有（　　）。

A.积极的学习态度　　B.灵活多样的学习形式

C.清晰的学习目标　　D.浓厚的学习兴趣

三、判断题

1.学习动机水平越高，学习效果越好；学习动机水平越低，学习效果越差。（　　）

2.制订学习计划时，要优先安排不重要却紧急的学习任务。（　　）

3.课堂学习是学习者获取知识的重要学习形式。（　　）

4.遗忘所遵循的规律是先慢后快。（　　）

5.掌握科学的学习方法，可以帮助我们在学习上取得事半功倍的效果。（　　）

6.精通一门专业技能是我们的安身立命之本。（　　）

7.学习新知识之后，要及时复习。（　　）

8.在复习阶段，要按照“少食多餐”的复习原则，长时间不间断地集中复习，才能有效巩固所学知识。（　　）

9.学习目标设定得越高越好。（　　）

10.优异的成绩和老师的表扬，都可以在一定程度上激发学生的学习动机。（　　）

四、简答题

1.简述主动学习者的特点。

2.成为主动学习者有哪些具体要求？

3.我们要怎样合理规划自己的学习时间？

五、辨析题

1.专业技能是天生就有的，因此不需要后期进行长期刻意练习。

2.在日常生活和学习中，要注意培养多种兴趣。

六、案例分析题

小郭是某中职学校的一年级学生，面对新的学习环境，他有些不适应。学习科目增多，让他应接不暇。老师讲课速度很快，上课内容难以记录下来。实训练习时间太少，专业技能也只会一点点。为了不让自己学习退步，他尝试用小项介绍的方法学了一段时间，发现效果不好。后来又用小钟介绍的方法，还是没有取得理想的成绩。小郭现在很苦恼，不知道如何才能找到适合自己的学习方法，实现高效学习。

为了让小郭实现高效学习，你可以给他哪些建议？

第十二课 终身学习 持续发展

知识梳理

一、时代呼唤终身学习

1.学习无止境

(1)终身学习是指每个社会成员为适应社会发展和实现个体发展的需要,持续一生的学习过程。

(2)只有树立终身学习的意识,持续地学习,才能更好地适应社会发展的需要,跟上时代发展的步伐。

(3)终身学习是迎接时代挑战的"金钥匙",是自身发展、追求高质量生活的重要前提。

2.活到老,学到老

(1)"学不可以已",人的智力、能力都是可以通过努力学习和实践不断得到提高的,这是坚持终身学习的内在信念。

(2)终身学习,就是要提高自主学习能力。自主学习,就要把学习当成一种发自内心的活动。

(3)终身学习,还要善于把"知"与"行"有机结合起来,以知促行、以行求知、知行合一。

二、信息素养助力发展

1.认识数字化学习

(1)数字化学习是使用数字设备或互联网开展的学习模式,也称为网络化学习。

(2)数字化学习能力是指进行数字化学习应具备的能力,是学习者利用数字化资源、数字化工具和数字化平台开展学习所需具备的知识和技能。

(3)提高数字化学习能力,需要主动适应数字化学习设施、软件、平台、工具等数字化学习环境;需要掌握相关信息技术知识;需要掌握并运用多种数字化学习方式。

2.提升信息素养

信息素养主要包括信息知识、信息意识、信息能力和信息伦理四个方面。

(1)多种渠道,获取信息。

(2)去粗取精,甄别信息。

(3)利用信息,解决问题。

生活感悟

活到老，学到老

姜德康（姜老）用自己的行动印证了“活到老，学到老”这句话。历经6年，他成功通过了28门专业课程，在73岁时拿到了自考专科毕业证，在77岁时又成功拿到了汉语言文学专业自考本科毕业证。退休前，姜老是一名煤矿工人，工作辛苦且繁忙。

“我年轻时是有遗憾的，那时候家里条件差，不得不放弃学业，成年后又忙于养家糊口。”姜老回忆道。

姜老的书房有着浓郁的艺术与学习氛围。墙上挂着姜老亲手绘制的水墨画，每一幅都透露着他对艺术的热爱和追求。书柜里摆满了各种书籍，从教材、复习资料到课外书。厚厚的几沓手写笔记上面满是密密麻麻的字迹和他用彩笔勾画的重点。

谈到拿毕业证的时候，姜老难掩喜悦和自豪。他说：“全家人都为我开心，为我骄傲。人的一生很长，要做更多有意义的事情。读书就是为了‘求知’，读书可以引领我们去探索未知的世界。当一个人获取的知识越来越多后，就不会总在狭小的世界里迷茫，会变得善于思考，这样的人生才是有意义的。”

拿到本科毕业证并不是姜老学习的终点。他目前正在学习计算机知识，希望从理论知识入手，逐步掌握计算机操作技能，让自己的晚年生活更加丰富多彩。他说：“学习是一辈子的事情，人的一生很长，无论年龄多大，都不应该放弃对知识的追求。”

【思考】

阅读姜老的故事后，你觉得终身学习的意义是什么？

习题演练

一、填空题

1.__________是指每个社会成员为适应社会发展和实现个体发展的需要，持续一生的学习过程。

2.我国正在完善全民终身学习推进机制，构建__________更加灵活、__________更加丰富、__________更加便捷的终身学习体系。

3.《中国教育现代化 2035》在十大战略任务中明确提出，构建__________的终身学习体系。

4.人的__________、__________都是可以通过努力学习和__________不断得到提高的，这是坚持终身学习的内在信念。

5.__________学习是使用数字设备或互联网开展的学习模式，也称为__________学习。

6.信息素养主要包括__________、__________、__________和信息伦理四个方面。

7.要注意从海量信息中甄别__________，去除无效甚至虚假信息。

8.数字化学习倡导以__________为中心、以__________为导向的自主学习。

二、选择题

1.终身学习要求我们提高(　　)能力。

A.自主学习　　B.实践学习　　C.理论学习　　D.独立学习

2.小顾的外婆只有小学文化，但她坚持读老年大学，并创作了多首诗歌。这给我们的启示是(　　)。

A.老年人学习的效率更高　　B.诗歌比较容易创作

C.可以等我们老了再学习　　D.学习应该持续一生

3.下列选项中，不能提升中职生信息素养的是(　　)。

A.避免在使用信息时侵犯他人的知识产权

B.学习计算机应用的相关知识

C.充分利用网络技术服务于自己的学习和生活

D.提高自己的身体素质

4.一代伟人毛泽东认为，书不可以一日不读。他将所学知识用于中国革命和建设的实践中，是马克思主义中国化的伟大开拓者。这启示我们要(　　)。

①树立终身学习理念，不断探索新知

②主动阅读，增强学以致用的能力

③充分利用一切课内外时间大量阅读

④通过同伴分享等方式阅读

A.①②　　B.①③　　C.②④　　D.③④

5.下列有关数字化学习的说法中，错误的是(　　)。

A.数字化学习资源与以往传统资源相比，最大的优势在于其中的资源被存储在数字设备

中,安全性较高

B.数字化学习资源形式多样,包含文本、图像、声音、视频等多种形式

C.数字化学习资源越来越为大众所接受,能有效支持个性化学习和终身学习

D.人们可以通过互联网访问数字图书馆网站,在任何时间、任何地点方便快捷地享用数字化信息资源

6.白天赚钱养家,晚上学艺解压;每期参与人数高达360余人,课程涵盖工艺品鉴、技巧传授、艺术设计等。这是河南某地青年夜校各类课程如火如荼开展的生动写照。青年夜校火热(　　)。

①说明教育是民族振兴、社会进步的基石

②是因为其拓宽了学习渠道,满足了人们的多样化学习需求

③有利于参与者提高自身学历,快速提高经济收入

④有利于推进全民终身学习的学习型社会建设

A.②③　　B.②④　　C.①③　　D.①④

7.ChatGPT可以写剧本、编音乐、写代码……麦肯锡预测,在2030年到2060年年间,将有50%的职业被AI接管。面对未来,我们要(　　)。

①依赖人工智能,利用科技改变生活

②终身学习,不断自我更新

③面向未来,做好职业规划

④畅享未来,享受美好生活

A.③④　　B.②④　　C.②③　　D.①③

三、判断题

1.我们应该活到老、学到老。(　　)

2.即使步入社会,也要坚持学习。(　　)

3.信息素养主要包括信息常识、信息意识、信息能力和信息伦理四个方面。(　　)

4.中职生应该学习计算机应用的相关知识。(　　)

5.一般来说,从官方渠道获取的信息是比较可靠的。(　　)

6.我们身处数字化时代,没有必要提高数字化学习能力。(　　)

7.终身学习,要善于把“知”与“行”有机结合起来。(　　)

8.数字化学习不利于提高学习效率。(　　)

9.所有的信息都是宝贵的资源。(　　)

10.终身学习,就要提高自主学习能力。(　　)

四、简答题

1.我们为什么要终身学习？

2.我们应该如何践行终身学习？

3.简述提高数字化学习能力的要求。

五、辨析题

1.现代社会生活压力大,即使不学习也没有关系。

2.中职生可通过有目的地上网搜寻信息、经常阅读相关信息等方法,帮助自己树立信息意识。

六、案例分析题

中职毕业生小周虽然工作了,但仍然不忘学习、坚持学习,不断提升自己。她说:"毕业后,我明显感受到知识和技术更新的压力。学习是克服本领恐慌、丰富知识储备的有效方式。我先后参加了一些培训班,并且一有时间就到图书馆学习。这些年,我一直都是边工作,边充电，通过自学考证和在职进修等方式，不断提升自己的职业能力，并把学到的本领用于解决实际问题。这让我不仅在工作单位站稳脚跟，还升职加薪了。”

结合案例，谈谈如何才能做到终身学习。

第五单元
规划生涯 放飞梦想

单元整体解读

通过职业规划，个体可以正确认识自身的个性特质、现有与潜在的资源优势，对自己进行重新定位，树立明确的职业发展目标与职业理想，评估个人目标与现实之间的差距，从而不断增强职业竞争力。

在本单元，我们将学习树立正确的劳动观，不断提升自身职业素养；在分析自身条件、外部环境的基础上，绘制自己的职业生涯蓝图，学习提高职业生涯规划执行力、增强职业适应性的方法，为职业生涯的顺利发展做准备。

单元目标聚焦

知识目标

(1) 领悟劳动的内涵、意义与价值，树立正确的劳动观。

(2) 了解学校与职场、学生与职业人的区别，强化角色转换意识，做好进入职场的准备。

(3) 了解职业生涯规划的评价标准与方式，理解调整、持续完善职业生涯规划的必要性。

能力目标

(1) 了解所学专业及对应的职业和职业群，理解职业素养的重要性和基本要求。

(2) 理解执行职业生涯规划的重要性，掌握提高规划执行力的方法。

(3) 学会评价职业生涯规划，掌握调整、持续完善职业生涯规划的方法。

素养目标

(1) 掌握根据主客观条件制订职业生涯规划的方法，不断增强自身职业生涯发展能力，积极提升自身职业素养。

(2) 不断提高规划执行力，自立自强，做好进入职场的准备，主动增强职业适应性，逐步形成良好的职业行为习惯。

第十三课 立足专业 谋划发展

知识梳理

一、崇尚劳动，提高素养

1.树立正确的劳动观

(1)劳动是创造物质财富和精神财富的过程，是人类特有的基本社会实践活动，是人类社会存在和发展的基础。

(2)马克思主义认为，人是劳动的产物，劳动创造了人类生存所必需的全部物质条件和精神条件。

(3)“民生在勤，勤则不匮。”中华民族是勤于劳动、善于创造的民族。

2.专业、职业与职业群

(1)专业是根据社会分工需要而划分的学业类别。

(2)职业具备的特征：相互关联、相互服务的社会活动；有合法收入；在一定的历史时期内形成，并具有较长生命周期；符合国家法律和社会道德规范；具有一定的从业人数。

(3)工作内容、职业素养、社会功能等相近的若干个职业称为职业群。

(4)专业和职业都是社会分工的产物。

3.职业岗位对劳动者职业素养的要求

(1)职业素养是劳动者在职业活动中表现出来的综合品质，包括职业信念、职业知识技能和职业行为习惯。

(2)劳动者素质对国家、民族发展至关重要。

(3)提升职业素养需要把实干和创新结合起来，多下苦功夫，敢于突破常规，练出真本领。

二、综合评估，制订规划

1.分析自身条件

(1)职业兴趣及其培养。

(2)职业性格及其调适。

(3)职业能力及其提高。

(4)职业价值观及其调整。

2.分析外部环境

国家、区域、行业发展和家庭状况等外部环境，会影响个人的职业生涯发展，是制订职业生涯规划时必须考虑的重要条件。

(1)国家发展是个人职业生涯发展的基础。

(2)区域发展为个人职业生涯发展提供有利条件。

(3)行业发展为个人职业生涯发展提供机会。

(4)家庭状况与个人职业生涯发展联系最紧密、最直接。

3.绘制生涯蓝图

(1)确定职业生涯目标。

(2)制订职业生涯行动计划。制订职业生涯行动计划，可采用从年计划开始，向学期、月、周、日逐步细化的方法。

生活感悟

大国工匠的匠心追求

在机械加工行业，数控机床的刀具是一种常见的耗损件，价格从几百元至上万元不等。罗军工作室的团队发明的高效磨刀装置，能够快速、准确地改制磨损的刀具，使其再次投入使用。据估计，这种创新至少可节省20%的刀具费用。

罗军不仅是一位技术革新者，还是团队合作与知识共享的倡导者。他将自己精心设计的磨刀装置图纸无偿提供给同行，鼓励大家根据自身需要进行改良和应用。这种开放的态度促进了整个行业的技术进步，展现了“大国工匠”应有的胸怀与担当。

从一名普通的车工成长为全国劳动模范、集团公司关键技能带头人，罗军的职业生涯是一段充满挑战与荣耀的旅程。在他看来，每一次技术上的突破都不是偶然的，而是长期积累的结果。罗军有着记录灵感的习惯，他将这些宝贵的思想火花记录起来，给这本笔记取名为“忽然之间”，正是这些瞬间构成了他创造发明的灵感源泉。这些灵感最终转化成了一系列具有实际应用价值的创新成果，推动了企业的持续发展和社会进步。

罗军还非常重视团队建设与人才培养。在他的领导下，工作室汇聚了来自不同领域的精英，包括技术人员、技能工人及维修人员等。罗军通过定期举办技术研讨会和技能竞赛，不断激发团队成员的学习热情和创新能力。如今，许多曾经的学徒已经成长为具备高级工程师职称的专业人才，在各自的岗位上发光发热，为中国制造业的高质量发展贡献力量。

【思考】

在如今劳动光荣、技能宝贵、创造伟大的社会氛围下，我们应该树立怎样的劳动观？

习题演练

一、填空题

1.劳动是创造物质财富和____________的过程，是人类特有的基本____________活动，是人类社会____________和____________的基础。

2.马克思主义认为，人是____________的产物，劳动创造了人类生存所必需的全部物质条件和精神条件。

3.专业是根据____________需要而划分的学业类别。

4.我们把工作内容、__________、__________等相近的若干个职业称为__________。

5.职业素养是劳动者在职业活动中表现出来的综合品质，包括__________、__________和职业行为习惯。

6.____________是个体从事某种职业活动所必须具备的能力。

7.____________是个人职业生涯发展的基础。

8.按照由远及近的顺序，可以将职业生涯目标分为长期目标、__________和__________。

二、选择题

1.下列关于劳动的说法，不正确的是(　　)。

A.劳动是创造物质财富和精神财富的过程

B.劳动的目的只是创造财富，让人过上丰衣足食的生活

C.人是劳动的产物，劳动创造了人类生存所必需的物质条件和精神条件

D.劳动是推动人类社会发展的根本力量

2.加工零件时，师傅对徒弟说："机械工业工艺复杂，技术密集。工程师在图纸上画得再好、再精确，工人操作时如果差那么 1 毫米，最终出来的就可能是废品。"这段话强调了(　　)的重要性。

A.个人修养　　B.心理素质　　C.职业素养　　D.社会公德

3.下列选项中，属于职业信念的是(　　)。

A.正确的职业价值观　B.积极的职业心态　C.良好的职业道德　D.以上都是

4.如果一个人的抽象思维能力强，喜欢富有创造性的工作，并且逻辑分析能力较强，那么他适合从事的职业是(　　)。

A.教师　　B.摄影师　　C.工程师　　D.销售经理

5.职业生涯规划最重要的是要(　　)。

A.了解自己是什么样的性格　　B.有一个好工作

C.清楚自己有什么资源　　D.定位自己的价值追求

三、判断题

1.劳动创造幸福生活，推动社会发展，是人类特有的基本社会实践活动。(　　)

2.社会经济、科学技术的发展会引发专业和职业的演变。(　　)

3.分析自身条件时,既要立足现实,也要着眼未来。(　　)

4.职业生涯规划是一个动态、发展的过程,我们要懂得因时因地合理调整目标和计划。(　　)

5.国家发展是个人职业生涯发展的基础。(　　)

6.所有的工作都可以称为职业。(　　)

7.人的职业价值观都是固定的,不会因为环境发生变化。(　　)

8.职业资格证书是专业知识与技能的凭证,是求职的“敲门砖”。(　　)

9.职业性格是稳定的、不可调适的。(　　)

10.拥有职业兴趣会降低职业稳定性。(　　)

四、简答题

1.职业具有哪些特点?

2.简述如何提升我们的职业素养。

3.简述职业生涯目标确定的原则。

4.哪些外部环境因素会影响人的职业生涯发展？

五、辨析题

1.提升劳动者素质，对国家、民族的发展至关重要。

2.家庭状况与个人的职业生涯发展无关。

六、案例分析题

小典是某职业学校机电技术应用专业的一名学生,他立志要成为一名优秀的机电专家。小典在中职学习期间成绩优异,专业技能扎实。毕业刚参加工作时,为了能够快速适应岗位,小典坚持不断学习,自学了机电方面的专业技术书籍。同时,他还追求创新,把所学的专业技术知识用在实际工作中,获得了多项技术专利。小典在工作期间,还注重动脑、动手,发现问题便立即想办法解决。不管哪个部门找他帮忙,他都很乐意。小典脚踏实地、无私奉献和乐于助人的品质,得到了领导和同事们的一致好评。

结合上述案例,谈谈如何提升职业素养。

第十四课 执行规划 夯实基础

知识梳理

一、提高规划执行力

1.认真执行规划各项措施

(1)没有执行,一切都是空谈。认真执行职业生涯规划的各项措施,是职业生涯规划成功的保证。

(2)按照规划落实自己的行动。职业生涯规划的落实,不是一蹴而就的,而是一步一步实现的。

2.定期检查规划执行效果

(1)定期检查规划执行效果,是职业生涯规划管理的重要手段。

(2)定期检查可以结合日计划、周计划、月计划、学期计划、年计划展开。

二、增强职场适应性

1.从学校走向职场

(1)学校与职场的环境氛围不同。学校是学习的场所,职场是工作的场所。

(2)学生与职业人面对的人际关系不同。学生作为受教育者,以完成学习任务为主,面对的主要是老师和同学。在职场,人际关系会变得相对复杂,如上下级的关系、与客户的关系等。

(3)学生与职业人承担的责任不同。学生的责任是好好学习,接受教育、储备知识、培养能力,努力成为德智体美劳全面发展的社会主义建设者和接班人。职业人的责任是爱岗敬业、履职尽责,依靠自己的本领完成工作中应尽的职责。

2.职业适应早准备

(1)要明确学校与职场的区别、学生与职业人的角色定位,强化自己的责任担当意识。

(2)要拥有理性务实的心态,做好从基层岗位起步,扎扎实实、不断发展的心理准备。

(3)要在日常学习和社会实践中,主动锻炼自己,注意利用一切机会,增强自己的学习能力、创新能力、自我控制能力和执行能力等,全面提高职业适应力。

生活感悟

职场初体验

小徐是某中职学校计算机应用技术专业的一名学生，在校期间积极学习，专业技能扎实。目前，他在某电子商务有限公司担任电商运营实习生，该公司是一家综合性电子商务零售公司。

实习期间，小徐不仅巩固了专业知识，而且在实践中提升了沟通能力，这对他的职业生涯发展至关重要。他意识到，良好的沟通技巧是展示个人能力的关键，也是未来求职的重要法宝。

在实习中，小徐首次深入社会，学习了与人交往的技能，并观察了前辈如何与上级沟通、处理关系。这次经历不仅拓宽了他的视野，也为他未来进一步融入社会打下了坚实的基础。

通过观察和实践，小徐学会了如何管理店铺的日常运营，包括商品上架、价格调整和促销活动策划与执行。这些经验对他运营店铺大有裨益，并激发了他对数据分析的兴趣。通过分析用户数据，他为店铺的营销策略提供了有力的数据支持。

小徐认识到自己还有许多需要提升的地方，他决定保持初心，坚定地在这条道路上前行。他计划在错误中吸取教训，不断掌握正确的知识和方法。未来，他将严格要求自己，从基础工作做起，不断提升专业知识和技能，为实现自己的目标而努力奋斗。

【思考】

作为一名中职生，我们该如何顺利实现从学生到职业人的转变呢？

习题演练

一、填空题

1.__________,只有付诸行动,梦想才有可能实现。

2.认真执行职业生涯规划的__________,是职业生涯规划成功的重要保证。

3.__________和__________是执行规划的好方法。

4.对于职业人来说,__________、__________是非常关键的。

5.通过定期检查,可以及时__________、__________,进行必要的调整,同时激励自己更加自觉、严格地执行规划。

6.学校与职场的__________不同,学生与职业人面对的__________不同,学生与职业人承担的__________不同。

7.责任心是指一个人对自己所需要遵守的__________、承担的责任和履行的__________的自觉态度。

8.要拥有__________的心态,做好从基层岗位起步,扎扎实实、不断发展的心理准备。

9.要明确学校与职场的区别、学生与职业人的角色定位,强化自己的__________意识。

二、选择题

1.没有(　　),一切都是空谈。

A.执行　　B.计划　　C.目标　　D.学习

2.做好职业适应的准备,就是要做好从"学生"到"(　　)"的角色转换。

A.成年人　　B.居民　　C.职业人　　D.公民

3.职业生涯规划管理的重要手段是(　　)。

A.每天自我反思　　B.善于请人敦促

C.与老师和同学搞好关系　　D.定期检查规划执行效果

4."故不积跬步,无以至千里;不积小流,无以成江海。"对这句话理解不正确的是(　　)。

A.行动是达成目标的重要保证

B.职业生涯规划的落实是很容易就能实现的

C.坚定目标、不断前行才能实现梦想

D.一切结果都是行动的积累

5.古人云,有志者,事竟成。人们也常说,空谈误国,实干兴邦。树立职业理想固然重要,但更重要的是要将职业理想落到实处,这说明(　　)。

A.只有务实的职业生涯规划才能将职业理想变为现实

B.只有树立职业理想才能获得成功

C.想要获得成功,除了要树立正确的职业理想,还要有务实的职业生涯规划

D.职业生涯规划的过程是提高自己的过程

6.近年来,生物工程技术人员、口腔卫生技师、工业互联网运维员、会展搭建师、文创产品策划运营师等新职业不断涌现,多样化的职业在给我们带来更多选择的同时,也要求我们(　　)。

A.融入时代潮流,随波逐流　　B.做好职业准备,迎接未来

C.培养兴趣爱好,一成不变　　D.提高自身素质,无所不能

7.走！回乡！如今,随着乡村振兴战略的实施,越来越多的90后甘愿放弃大城市的霓虹,返回农村去当一名新农人,他们善用新方式、新方法,给自己带来了新发展,也给家乡带来了新机遇。他们的选择告诉我们(　　)。

A.应不断转换职业以应对各种困难和挑战

B.热爱自己的本职工作就能成就一番事业

C.要根据国家和社会的发展需要谋划人生

D.要在工作中培养兴趣,履行好工作职责

8.(多选)提高规划执行力的有效办法包括(　　)。

A.按日、周、月、年的时间周期做出具体计划,每天坚持完成小目标

B.坚持自我激励、自我鞭策,学会珍惜时间,提高时间利用效率

C.及时记录规划执行情况,及时进行自我检查、自我约束

D.请他人监督自己的规划落实情况,并随时督促、激励自己

三、判断题

1.只要职业目标清晰,就一定能获得事业的成功。(　　)

2.一切结果都是行动的积累,只有行动才能达成规划的目标。(　　)

3.学校与职场虽然环境氛围不同,但学生与职业人需要承担的责任是一样的。(　　)

4.我们在学校期间就要做好适应社会、进入职场的准备。(　　)

5.对于职业人来说,责任心是非常重要的。(　　)

6.学校的人际关系和职场一样复杂。(　　)

7.第一次踏上工作岗位时,不会出现职场适应的各种心理冲突问题。(　　)

8.责任心强的人,容易被多安排任务,常常吃亏。(　　)

9.入职以后职业适应力会自然形成,不必提前准备或训练。(　　)

10.遇到困难时,对自己说“我做不到”。(　　)

四、简答题

1.简述提高规划执行力的方法。

2.定期检查规划执行效果的内容有哪些?

3.简述学校和职场的区别。

4.处于职业生涯准备时期的我们,应该如何提高自己的职业适应力?

5.简述五步脱困法。

五、辨析题

1.学生只需要学好自己的专业知识就行,不需要参加实习实训、班集体活动。

2.学生从学校走向职场后就可以成为职业人。

六、案例分析题

小谭是某中职学校会计事务专业的一名学生，出于兴趣，他想以后从事财务工作。为了实现这个职业目标，他向老师及在财务部门工作的亲戚请教，充分了解学校与职场的区别、学生与职业人的角色差异，以及财务人员的职业素养要求等。为了达到这些要求，小谭苦练专业技能，如坚持参加学校计算机兴趣小组，每天练习用计算器复核报表一小时，还积极参加行业技能比赛。为了锻炼自己的人际交往能力，小谭在中职一年级时竞选当上了班长，在三年级时竞选当上了校学生会副主席。此外，小谭还利用假期去企业实习，从基层做起，不怕苦、不怕累。中职三年，小谭成长得很快，毕业后顺利应聘到一家企业做财务工作。

结合案例，谈谈为了顺利进入职场，我们在学校期间应该做哪些准备。

第十五课 完善规划 奋发有为

知识梳理

一、明确标准，评价规划

1.职业生涯规划的评价标准

(1)职业生涯规划要符合国家需要，对社会发展有益。

(2)职业生涯规划的内容要完整，要详尽且能够具体地指导自己实施职业生涯规划的行动。

2.职业生涯规划的评价方式

(1)评价职业生涯规划，有自我评价和他人评价两种形式。

(2)评价职业生涯规划，要依据评价标准，制订具体的评价细则。

二、把握时机，调整规划

1.调整职业生涯规划的时机

(1)我们的职业生涯与经济社会发展密切相关，经济全球化和社会信息化飞速发展，科学技术突飞猛进，产业结构、行业结构调整加快，这些外部因素会直接影响我们的职业生涯发展。

(2)个人小环境，如家庭的经济状况、人际关系、父母及重要他人对我们的期望和建议等，也会影响我们的职业生涯发展。

(3)随着自身年龄的增加、阅历的增长，道德品质、知识技能、行为习惯等职业素养的提升，我们对自身职业生涯的发展会有新的认识和定位。

(4)可根据实习实训过程中的体验、求职过程中对自身条件的检验，以及职业信息和就业市场供需实际等，对职业生涯规划进行调整。

(5)只有认真学习，提升自身的能力和素质，才能把握时机，审慎灵活地调整和完善我们的职业生涯规划。

2.调整职业生涯规划的方法

(1)要重新剖析自身条件。

(2)要重新评估职业生涯发展机会。

(3)修正职业生涯目标。

(4)修正行动计划。

生活感悟

把握时机，调整规划

小时是某中职学校护理专业的一名学生。在学校期间，她积极学习，打下了牢固的专业基础。实习期间，小时在某家医院当实习护士，在这里，她不仅巩固了专业知识，也在实践中提升了工作能力。

一次偶然的机会，她接触到了健康照护师这一职业，了解到随着我国人口老龄化程度的不断加深，市场对健康照护师的需求也在逐渐增加，这一职业有着广阔的发展前景。小时对此产生了浓厚的兴趣，并把想成为健康照护师的想法告诉了妈妈，妈妈也赞同小时调整职业生涯规划，并鼓励小时要努力成为一名优秀的健康照护师。

在了解职业要求后，小时认识到自己还有许多需要学习的地方。她开始积极参加健康照护师的线上培训课程，并在学习的过程中更加坚定了自己要从事这一职业的决心。小时为了新的职业生涯目标，不断提升专业技能，希望能够顺利成为一名健康照护师。

【思考】

阅读上述材料，谈谈小时为什么要调整自己的职业生涯规划。

习题演练

一、填空题

1.职业生涯规划要符合__________,对社会发展有益。

2.评价职业生涯规划,有__________和__________两种形式。

3.评价职业生涯规划,要依据__________,制订具体的__________。

4.我们的职业生涯与__________发展密切相关。

5.我们的职业生涯发展面临的第一个外部条件变化,很可能就是毕业后__________的变化。

6.从业初期,职业的__________、职业环境的变化、__________的提升等,也可能促使我们调整职业生涯规划。

7.职业生涯规划的调整是重新剖析__________和重新评估职业生涯的发展机会,修正职业生涯目标和__________的再设计和再创作过程。

8.只有__________,提升自身的__________和__________,才能把握时机,审慎灵活地调整和完善我们的职业生涯规划。

9.评价完成后,要认真分析__________,找出规划中需要改进之处,并进行有针对性的调整。

10.他人评价是__________、__________、__________等对自己的规划进行评价。

二、选择题

1.下列关于职业生涯规划评价标准的说法,错误的是(   )。

A.职业生涯规划完全是个人的事,不需要考虑个人以外的其他因素

B.职业生涯规划的内容要完整,也要详尽、具体

C.评价职业生涯规划要看其是否可行

D.评价职业生涯规划要看其是否考虑了未来可能的变化

2.家庭的经济状况、人际关系、父母及重要他人对我们的期望和建议等都会影响我们的职业生涯发展,这些因素属于(   )。

A.社会大环境　B.个人小环境　C.自身变化　D.就业市场的变化

3.我们在调整职业生涯规划时,首先应当考虑的是(   )。

A.我为什么做　B.我能做好什么　C.什么可以做　D.我应该怎么做

4.在制订职业生涯规划评价标准时,需要制订相应的评价细则。下列不属于评价细则的是(   )。

A.社会评价和企业评价　B.发展条件

C.发展目标　D.行动计划

5.“一分规划,九分落实”,我们不能(   )。

A.树立梦想从学习开始、事业靠本领成就的观念

B.走一步看一步

C.让增长本领成为青春搏击的能量

D.让勤奋学习成为青春飞扬的动力

三、判断题

1.职业生涯规划要符合国家需要，对社会发展有益。（　　）

2.我们不需要邀请他人为我们的职业生涯规划提出建议。（　　）

3.调整职业生涯规划时，只需要考虑自身兴趣爱好的变化就可以了。（　　）

4.职业生涯规划调整就是对原有规划的全盘否定。（　　）

5.职业生涯规划一旦制订完成，就意味着一劳永逸。（　　）

6.制订的职业生涯规划应该具有激励性，能够督促自己珍惜时间，养成良好的行为习惯。（　　）

7.职业生涯规划是对个人职业前途不切实际的幻想。（　　）

8.我们的职业生涯与经济社会发展密切相关。（　　）

9.对个人职业生涯规划评价完成后，不需要分析评价结果。（　　）

10.刚开始工作时，如果认为现在的职业并不适合自己，就应该马上换工作，避免浪费时间。（　　）

四、简答题

1.评价职业生涯规划有哪两种形式？

2.简述调整职业生涯规划的时机。

3.面对变化,我们应该具备哪些心理素质?

4.简述调整职业生涯规划的方法。

五、辨析题

1.为应对外部环境的变化,有时我们需要调整职业生涯规划。

2.评价职业生涯规划时,只需要注意自我评价,不需要注意同学的评价。

六、案例分析题

当某财经类网络平台招聘编辑部工作人员时,本来想应聘证券公司的金融专业的小荀勇敢地报了名,最终被录用并分配到编辑部的金融信息部工作。小荀的同学都感到很意外,大家没想到小荀能做如此大的就业方向调整,而且居然还求职成功了。小荀解释道:“去财经类网络平台编辑部工作是自己将兴趣和专业结合的结果。虽然在遇到这个工作机会之前，我也没有想过要去编辑部工作，但是我之前就一直在做校报的编辑工作，对此很感兴趣。更重要的是，这份工作需要金融专业背景。我的工作任务主要是金融信息的采集和管理、金融相关稿件的编校，以及金融行情的分析等，这些都需要金融专业的相关知识和技能。”

结合案例，谈谈职业生涯规划调整的时机和方法。

参考答案

第一单元　时代导航 生涯筑梦

第一课　立足时代 志存高远

生活感悟

中国特色社会主义进入新时代，新时代属于每一个人，每一个人都是新时代的见证者、开创者、建设者。新时代要求我们肩负起全面建设社会主义现代化国家、全面推进中华民族伟大复兴的历史使命。为此，我们应与时代同行，坚定前进信心，将个人的职业理想同中华民族伟大复兴的中国梦结合起来，自觉将个人的发展融入国家和社会的发展中，在为实现中华民族伟大复兴而奋斗的过程中实现个人的职业理想。

习题演练

一、填空题

1.主要生活来源

2.社会

3.人民对美好生活的向往

4.中国特色社会主义进入了新时代

5.新时代

6.知识型；技能型；创新型

7.爱国

8.人类的幸福；我们自身的完美

9.砥砺奋斗

10.向往

二、选择题

1.C【解析】依据教材知识，热爱祖国是立身之本，成才之基，当代中国，爱国主义的本质就是坚持爱国和爱党、爱社会主义高度统一。故 C 项正确，ABD 项错误。①

①“故 C 项正确，ABD 项错误”指本题选择 C 项正确，选择 ABD 项错误。全书选择题答案中此类论述均为此意。

2.A【解析】依据教材知识，奋斗是青春最亮丽的底色，民族复兴的使命要靠奋斗来实现，人生理想的风帆要靠奋斗来扬起。故 A 项正确，BCD 项错误。

3.C【解析】依据教材知识，职业是从业人员为获取主要生活来源所从事的社会工作类别，是不同行业和组织中存在的一组类似职位的集合，且根据职业的分类，只有消防员属于职业。故 C 项正确，ABD 项错误。

4.D【解析】依据教材知识，中国学生发展核心素养综合表现为人文底蕴、科学精神、学会学习、健康生活、责任担当、实践创新六大素养。故 D 项正确，ABC 项错误。

5.B【解析】依据教材知识，职业理想是指个人对未来所从事职业的向往和追求，是人生理想的重要组成部分。故 B 项正确，ACD 项错误。

6.(多选)BC【解析】依据教材知识，新时代，我们要以实现中华民族伟大复兴为己任，不辜负党的期望、人民期待、民族重托，不辜负这个伟大时代，所以我们需要树立远大理想、热爱伟大祖国、担当时代责任、勇于砥砺奋斗、练就过硬本领、锤炼品德修为，与新时代同向同行，坚定前行信心。故 BC 项正确，AD 项错误。

7.(多选)ABC【解析】依据教材知识及题意，职业只有分工不同，没有高低贵贱之分，任何一份职业都有其独特的社会贡献，并且无论干什么工作，只要热爱本职工作，勤奋努力，都能做出优异的成绩，而且职业理想是职业生涯发展的方向，能够激励我们持久而坚定地追求既定目标。故 ABC 项正确，D 项错误。

三、判断题

1.√【解析】依据教材知识，社会发展所提供的客观环境是我们实现人生理想的前提，每个人都生活在社会中，个人的成长离不开社会所提供的现实基础，社会为个人生存和发展提供了条件。

2.√【解析】依据教材知识，在全面建成小康社会、实现第一个百年奋斗目标之后，我们乘势而上，开启了全面建设社会主义现代化国家新征程。

3.×【解析】依据教材知识，无论做什么工作，只有热爱本职工作，勤奋努力，才能做出优异的成绩。

4.√【解析】依据教材知识，人无德不立，品德是为人之本。

5.×【解析】依据教材知识，职业只有分工不同，没有高低贵贱之分，任何一份职业都有其独特的社会贡献。

6.√【解析】依据教材知识，我们应该把个人的命运与国家的前途和人民的命运联系在一起，将个人的职业理想同中华民族伟大复兴的中国梦结合起来，自觉将个人的发展融入国家和社会的发展中，在为实现中华民族伟大复兴而奋斗的过程中实现个人职业理想。

7.√【解析】依据教材知识，我们面临的新时代，是近代以来中华民族发展的最好时代，也是实现中华民族伟大复兴的最关键时代，我们施展才干的舞台无比广阔，实现梦想的前景无比光明。

8.×【解析】依据教材知识，顺应时代的变化，并不意味着我们放弃自己的兴趣爱好，也可以将自己的兴趣爱好与社会发展相结合。

9.×【解析】依据教材知识，我们只有不断修身立德，打牢道德根基，才能在人生道路上走得更正、走得更远。

10.×【解析】依据教材知识，职业理想是我们职业生涯发展的方向，让我们知道朝着什么方向努力，激励我们持久而坚定地追求既定目标，同时，个人职业理想的实现，有助于推动国家的发展、社会的进步。

四、简答题

1.新时代为我们提供了广阔的舞台和无限的机遇。

(1)更多的就业机会。我国当前实施就业优先战略，不断强化就业优先政策，健全就业保障相关机制，为促进全社会更充分更高质量就业保驾护航。

(2)更好的创业条件。我国实施鼓励创业的政策，通过营造宽松便捷的准入环境，培育创业创新公共平台，鼓励农村劳动力创业等措施，构建有利于大众创业、万众创新的政策环境、制度环境和公共服务体系，积极推进创业带动就业、创新促进发展。

(3)更宽的升学渠道。我国出台了一系列旨在推进职业教育高质量协调发展的政策措施，为我们提供了多种深造机会。

2.(1)树立远大理想。只有把自己的小我融入祖国的大我、人民的大我之中，与时代同步伐、与人民同命运，才能更好实现人生价值、升华人生境界。

(2)热爱伟大祖国。热爱祖国是立身之本、成才之基。当代中国，爱国主义的本质就是坚持爱国和爱党、爱社会主义高度统一。

(3)担当时代责任。时代呼唤担当，民族振兴是青年的责任。在实现中华民族伟大复兴的新征程上，需要迎难而上、挺身而出的担当精神。

(4)勇于砥砺奋斗。奋斗是青春最亮丽的底色。民族复兴的使命要靠奋斗来实现，人生理想的风帆要靠奋斗来扬起。

(5)练就过硬本领。当今时代，知识更新不断加快，需要努力掌握科学文化知识和专业技能，努力提高人文素养，在学习中增长知识、锤炼品格，在工作中增长才干、练就本领。

(6)锤炼品德修为。人无德不立，品德是为人之本。要把正确的道德认知、自觉的道德养成、积极的道德实践紧密结合起来，不断修身立德，打牢道德根基。

3.我们要树立与新时代同向同行的职业理想，要坚定前进的信心，将个人的命运与时代相连，将个人的职业理想与中华民族伟大复兴的中国梦结合起来，自觉将个人的发展融入其中，在为实现中华民族伟大复兴而奋斗的过程中实现个人职业理想。

五、辨析题

1.观点正确。理由：任何一份职业都有其独特的社会贡献，而且社会对人才的需求是多种多样的，“三百六十行，行行出状元”。无论从事什么职业，只要热爱本职工作，勤奋努力，就能做出优异的成绩。同时，每个人也要充分发挥自己的长处和优势，干一行、爱一行、钻一行，努力成为建设伟大祖国的栋梁之材。

2.观点错误。理由:人无德不立,品德是为人之本。我们要把正确的道德认知、自觉的道德养成、积极的道德实践紧密结合起来,不断修身立德,打牢道德根基。同时,要自觉树立和践行社会主义核心价值观,善于从中华民族传统美德中汲取道德滋养,从英雄人物和时代楷模的身上感受道德风范,从自身内省中提升道德修为,自觉抵制拜金主义、享乐主义、极端个人主义、历史虚无主义等错误思想,自觉弘扬劳动精神、奋斗精神、奉献精神、创造精神、勤俭节约精神,追求更有高度、更有境界、更有品位的人生。

3.观点正确。理由:职业理想是指个人对未来所从事职业的向往和追求,它既包括对未来所从事职业种类和职业方向的追求,又包括在所从事职业中对所能达到的职业成就的追求。作为人生理想的重要组成部分,职业理想体现了个人的职业价值取向,指导着个人的职业方向和职业选择。在职业生涯中,只有确立了职业理想,才能明确前进的方向,才能稳步走向成功。

4.观点错误。理由:职业平等是尊重所有劳动者的贡献,但个人仍需树立符合时代要求的职业理想,积极提升能力,将个人追求与社会需要结合,才能实现人生价值。

六、案例分析题

职业理想是个人对未来所从事职业的向往和追求,是人生理想的重要组成部分。人们对美好生活的向往和追求往往通过具体、实际的职业活动来实现。同时,职业理想是职业生涯发展的方向,让我们知道朝着什么方向努力,激励我们持久而坚定地追求既定目标。案例中,小张通过不懈努力,成为一名教师,最终实现了自己的职业理想。

第二课　生涯规划 筑梦未来

生活感悟

(1)小严的职业理想是做一名模具制造技师,他准备通过四个阶段来实现自己的职业理想。第一个阶段,计划取得中专毕业证书,成为一名模具制造中级工,然后升入大专继续学习。第二个阶段,计划取得大专毕业证书,成为一名中级制图员。第三个阶段,计划取得模具制造高级工资格证书和高级制图员资格证书,成为一名知识型模具制造高级工。第四个阶段,计划取得技师职称、本科学历证书,成为企业或工厂的高级技术人员。

(2)我们在进行职业生涯规划时,应该立足社会需求、符合所学专业和本人实际情况。同时,要注意以下问题:避免片面化、僵硬化;避免自我局限;避免不切实际;等等。

习题演练

一、填空题

1.职业准备;职业发展

2.成长阶段;建立阶段;维持阶段;退出阶段

3.活到老;学到老;干到老

4.发展性;阶段性

5.规划;行动

6.社会发展

7.专业技能

8.发展目标

二、选择题

1.C【解析】依据教材知识,职业生涯的探索阶段是从初中毕业开始,到正式走上工作岗位为止,这一阶段要做好职业生涯规划,为首次就业做好准备。故 C 项正确,ABD 项错误。

2.B【解析】依据教材知识,每个人在职业生涯的不同阶段,有不同的目标与任务,每个阶段都是前一个阶段的延续,同时也为后一个阶段做好了铺垫,这体现了职业生涯的阶段性。故 B 项正确,ACD 项错误。

3.A【解析】依据教材知识,职业生涯规划可以帮助我们明确发展目标,有目标,才会有前进的方向和奋斗的动力。故 A 项正确,BCD 项错误。

4.C【解析】依据教材知识,职业生涯规划可以帮助我们提高执行力,能鞭策我们直面困难和挑战,把握发展的机会,努力朝着目标前进。故 C 项正确,ABD 项错误。

5.D【解析】依据教材知识,活到老、学到老、干到老,即终身学习,是我们在职业生涯发展中必须坚持的理念。故 D 项正确,ABC 项错误。

6.B【解析】依据教材知识,探索阶段从初中毕业开始,成长阶段从出生开始,维持阶段从达到事业高峰期开始,而退出阶段一般从离开工作岗位算起。故 B 项正确,ACD 项错误。

7.(多选)ABCD【解析】依据教材知识,职业生涯规划要与社会发展相一致,是因为个人发展与经济社会发展联系紧密,“职业选人”与“人选职业”相辅相成,同时社会大环境也为我们提供了生存条件和发展机会,适合社会发展的职业生涯规划更容易成功。故 ABCD 项全部正确。

8.(多选)AD【解析】依据教材知识,职业生涯规划要从自身实际出发,了解自己的性格特点、兴趣爱好、优势和劣势等,同时要立足所学专业,深入了解自身的专业优势,对照职业要求,但材料中小胡只是向同专业毕业校友了解职业相关要求。故 AD 项正确,BC 项错误。

三、判断题

1.×【解析】依据教材知识,“身计”是指人在青少年期要勤奋学习、志存高远,思考自己如何在社会中立身,明确自己的社会位置。

2.×【解析】依据教材知识,成长阶段是指从出生开始,到完成义务教育阶段的学业为止。从走上工作岗位开始,一直到达到事业高峰期为止指的是建立阶段。

3.√【解析】依据教材知识,当今社会发展迅速,新事物不断涌现,我们要坚持终身学习,积极应对变化和挑战。

4.×【解析】依据教材知识,职业生涯具有独特性,每个人的职业生涯各不相同,即使是从事相同职业、具有相同发展轨迹的人，由于个人条件、所处环境、职业理想，以及付出的努力程度不同，他们的职业生涯也不会完全一样。

5.√【解析】依据教材知识，清晰而明确的发展目标，能让我们在职业生涯中少走弯路，朝着既定的职业理想不断努力。

6.×【解析】依据教材知识，再远大的职业理想，如果没有规划和行动，也会变成空想。

7.√【解析】依据教材知识，切实可行的职业生涯规划，能增强学习的目的性与计划性，帮助我们找准努力的方向，从而把理想变为现实。

8.√【解析】依据教材知识，职业生涯是一个人一生中以职业为核心所串联起来的全部经历。

9.×【解析】依据教材知识，每个人的职业生涯都是个人与他人、个人与社会相互作用的结果。

10.√【解析】依据教材知识，职业生涯规划要从自身实际出发，了解自己的性格特点、兴趣爱好、优势和劣势等，明确自己的职业理想，从而制订适合自己的职业生涯规划。

11.×【解析】依据教材知识，职业生涯规划需“与社会发展相一致”，并考虑社会提供的条件。

12.×【解析】依据教材知识，个人职业发展的起点是“成长阶段”，维持阶段是后期阶段。

13.√【解析】依据教材知识，在校时要“扬长补短”，择业时要“扬长避短”。

四、简答题

1.职业生涯具有独特性、发展性、阶段性和互动性四个方面的特点。

(1)独特性。每个人的职业生涯各不相同。

(2)发展性。每个人的职业生涯，伴随着个人的成长，都在不断发展变化，而且发展过程也各不相同。

(3)阶段性。每个人在职业生涯的不同阶段，有不同的目标与任务。

(4)互动性。每个人的职业生涯，都是个人与他人、个人与社会互相作用的结果。

2.(1)职业生涯规划要与社会发展相一致。要把个人发展与经济社会发展紧密联系起来，正确认识和处理“职业选人”与“人选职业”的关系，提高适应社会的能力。

(2)职业生涯规划要以自身实际为出发点。作为“准职业人”，要从自身实际出发，了解自己的性格特点、兴趣爱好、优势和劣势等，明确自己的职业理想，制订适合自己的职业生涯规划。

(3)职业生涯规划要立足所学专业。专业技能是我们未来就业和职业发展的基础，要干一行、爱一行、钻一行，深入了解自身的专业优势，对照职业要求，掌握专业知识和专业技能，注重实践应用，提升竞争力。

3.(1)职业生涯规划可以帮助我们明确发展目标。有目标，才会有前进的方向和奋斗的动力。

(2)职业生涯规划可以帮助我们扬长补短。“扬长”即发挥自己的长处，“补短”即弥补自己的短处，并有意识地不断缩小自身条件与发展目标的差距。

(3)职业生涯规划可以帮助我们提高执行力。切实可行的职业生涯规划，能增强学习的目的性与计划性，帮助我们找准努力的方向，从而把职业理想变为现实。

五、辨析题

1.观点错误。理由："凡事预则立，不预则废"，职业生涯规划对个人职业发展具有重要意义。

(1)职业生涯规划可以帮助我们明确发展目标。有目标，才会有前进的方向和奋斗的动力。

(2)职业生涯规划可以帮助我们扬长补短。"扬长"即发挥自己的长处，"补短"即弥补自己的短处，并有意识地不断缩小自身条件与发展目标的差距。

(3)职业生涯规划可以帮助我们提高执行力。切实可行的职业生涯规划，能增强学习的目的性与计划性，帮助我们找准努力的方向，从而把职业理想变为现实。

2.观点错误。理由：当今社会发展迅速，知识不断升级，新事物不断涌现，人们职业生涯的发展变化增多。因此，我们不能故步自封，要坚持终身学习，在职业生涯的各个阶段，积极应对变化和挑战，善于思考，动态规划。

3.观点错误。理由：科学的职业生涯规划需平衡个人兴趣与社会需求，既要发挥自身优势，又要抓住社会提供的客观条件，才能实现可持续发展。

六、案例分析题

做好职业生涯规划对个人的职业发展意义重大。

(1)职业生涯规划可以帮助我们明确发展目标。有目标，才会有前进的方向和奋斗的动力。

(2)职业生涯规划可以帮助我们扬长补短。"扬长"即发挥自己的长处，"补短"即弥补自己的短处，并有意识地不断缩小自身条件与发展目标的差距。

(3)职业生涯规划可以帮助我们提高执行力。切实可行的职业生涯规划，能增强学习的目的性与计划性，帮助我们找准努力的方向，从而把职业理想变为现实。

案例中，小金结合自身实际，积极规划职业发展道路，最终取得了一定的成绩；而小方没有从自身实际出发，没有认清自己的优势和劣势，因此总是不能找到称心如意的工作。

第二单元　认识自我 健康成长

第三课　发现自我 完善自我

生活感悟

全面准确地认识自我是个体心理健康的基本标准之一，也是个体未来成长成才的重要基础。认识自我的方法主要有三种：①自我觉察，即对自己进行细致的观察和思考，自我觉察的对象包括性格、需要、感知等；②他人反馈，可以从同学、朋友、亲人等的评价和反应中，获取有关自我的信息，全面了解自我；③社会比较，即与周围其他人进行比较，或者接受专业化的心理测验，从而全面深入地认识自我。

习题演练

一、填空题

1.自我认识恰当；情绪体验良好；人际交往良好；环境适应良好

2.全面准确地认识自我

3.自尊；自信

4.周围其他人

5.积极稳定；调节情绪

6.自我反思；自我调控

7.客观而积极

8.个人健康；身体健康

二、选择题

1.C【解析】依据教材知识，生理我是对自身身高、体重、性别、相貌等生理特征的认识，而性格属于心理特征。故 C 项正确，ABD 项错误。

2.D【解析】依据教材知识，自我觉察的对象包括自己的身高、形体、容貌等，自己的感知、记忆、思维、智力、气质、性格、需要、价值观等，自己在社会关系中的角色、地位、权利、义务等。故 D 项正确，ABC 项错误。

3.B【解析】依据教材知识，认识自我主要有三种方法：自我觉察、他人反馈和社会比较，A 项属于他人反馈，C 项属于社会比较，D 项属于自我觉察，而面对别人的意见，全盘接受并不可取。故 B 项正确，ACD 项错误。

4.B【解析】依据教材知识和题意，通过认识自我，我们可以找到自己的优点和长处，提升自尊和自信,可以知道自己的缺点和短处,为完善自我提供方向和动力。故 B 项正确,ACD 项错误。

5.D【解析】依据教材知识,接纳自我就要友好地对待自己,可以通过文字、说话等方式,进行有意识的自我对话,帮助自己更好地平衡心态,也可以通过与他人比较找到自己的优势,避免妄自菲薄。故 D 项正确,ABC 项错误。

6.C【解析】依据教材知识,心理我涉及心理特征如价值观,身高体重属于生理我,家庭角色/社会地位属于社会我。故 C 项正确,ABD 项错误。

7.B【解析】依据教材知识,完善自我要持续自我反省。故 B 正确,ACD 项错误。

三、判断题

1.×【解析】依据教材知识,可以从生理、心理和社会三个不同方面来认识自我。

2.√【解析】依据教材知识,只有心理健康,个体才能应对正常的压力,富有成效地学习与工作,实现个人成长。

3.×【解析】依据教材知识,低自尊的人对自己的总体评价是消极的,觉得自己不如别人,对自己感到失望甚至厌恶。

4.×【解析】依据教材知识,接纳自我是个体对自我采取积极的态度,在充分、深入地认识自我的基础上,正确对待自己的优点和缺点。

5.√【解析】依据教材知识,接纳自我就要正确对待他人的评价,要清醒地分析和认识他人的反馈,从中提取客观而积极的信息。

6.×【解析】依据教材知识,完善自我要善于听取他人的建议,不仅需要听取他人的一般性建议,更要有意识地关注他人建议中那些重要、具体和有建设性的部分。

7.×【解析】依据教材知识,认识自我的方法不同,搜集到的信息也会有所不同。

8.√【解析】依据教材知识,善于自我觉察的人,会更恰当地认识自我,往往能够做出更明智的决策,对自己的总体评价也较为积极。

四、简答题

1.(1)可以找到自己的优点和长处,提升自尊和自信。

(2)可以知道自己的缺点和短处,为完善自我提供方向和动力。

(3)可以发现自己的潜能,用擅长的学习方式提高专业学习的效率。

(4)可以发现自己的兴趣、性格和价值观,树立与自我情况相符的职业目标,找准职业定位,明晰职业使命。

2.完善自我,就是要坚定自己人生的目标,向着自己的目标勇敢前行,不断变得更好、更优秀。

(1)完善自我,要持续不断地自我反思,学会自我调控。在认识自我、确定进步目标的基础上,采取实际行动,逐步积累成就感,增强自信心。

(2)完善自我,要善于听取他人的建议。不仅需要听取他人的一般性建议,更要有意识地关注他人建议中那些重要、具体和有建设性的部分。

(3)完善自我,要向榜样学习。榜样的力量是无穷的,要向榜样看齐,学习他们的高尚品质、优良作风和精神风貌,分析和模仿他们恰当的行为、想法和态度,从而不断完善自我、提升自我。

3.(1)学会善待自己。

(2)正确对待他人的评价。

(3)理性地进行社会比较。

五、辨析题

1.观点正确。理由:对于他人的评价,要清醒地分析和认识,从中提取客观且积极的信息。对于他人的赞扬和鼓励,要客观冷静,看到自己真正的优点和需要改进的地方;面对他人的批评和指责,要正确区分,有则改之,无则加勉。从他人的评价中汲取力量,可以帮助我们更好地认识自我、接纳自我。

2.观点错误。理由:心理健康是指人在成长和发展过程中自我认识恰当、情绪体验良好、认知效能良好、行为举止适当、人际交往良好、环境适应良好的一种状态。而且心理健康是个人健康的重要组成部分,会对身体健康产生重要影响。只有心理健康,个体才能应对正常的压力,富有成效地学习和工作,实现个人成长,并对国家和社会发展作出贡献。

3.观点错误。理由:该说法是片面的。心理我是对自身兴趣、性格、能力、价值观等心理特征和心理过程的认识。但社会我是对自身所扮演的社会角色,在家庭、学校和社会中的地位等自我与他人、社会之间关系的认识。二者相辅相成,缺一不可。

六、案例分析题

(1)接纳自我,是个体对自我采取积极的态度,在充分、深入地认识自我的基础上,正确对待自己的优点和缺点,认可自己的想法、行为和情绪。案例中,小韩根据自己的兴趣和特点,选择服装设计与工艺专业,后来在学习的过程中,充分发挥自己的特长,提升自己的短板,并获得了重要的奖项。正是因为真正做到了接纳自我,小韩才找到了适合自己的位置,实现了自己独特的价值。

(2)完善自我,就要持续不断地自我反思,学会自我调控,并在认识自我、确定进步目标的基础上,采取实际行动,逐步积累成就感,增强自信心。案例中,小韩积极比赛,并获得一等奖,后来顺利入职一家知名服装设计公司,这都是小韩不断完善自我的努力。

第四课　直面挫折 积极应对

生活感悟

在这个世界上,母亲的爱是无私的、伟大的,面对巴拉尼的身体残疾,他的母亲并没有放弃他,而是积极地面对,帮助巴拉尼锻炼身体。巴拉尼自己也没有灰心丧气,而是以母亲为榜样,积极乐观地面对人生中的挫折,最终取得了不凡的成就。

对于在生活中遇到的挫折，我们应该正视它，保持乐观，积极寻找解决问题的方法。

习题演练

一、填空题

1.挫折情境;挫折认知;挫折反应

2.挫折情境

3.接纳

4.抗争;类型;方式;社会支持

5.关怀;友善

6.自我友善;普遍人性;正念

7.社会支持

8.抗逆力

9.社会支持

二、选择题

1.A【解析】依据教材知识，一般来说，挫折与挫折情境、挫折认知和挫折反应相关。故 A 项正确，BCD 项错误。

2.C【解析】依据教材知识，已经发生的事实是不能改变的，有的挫折情境也难以改变，而自己的目标、心态和行动方式等可以改变。故 C 项正确，ABD 项错误。

3.D【解析】依据教材知识，在同样的挫折情境下，不同的挫折认知会引发不同的挫折反应。故 D 项正确，ABC 项错误。

4.C【解析】依据教材知识，自我悲悯是指当我们遇到挫折的时候，能够用自我友善的、非批判式的态度对待自己，并且意识到其他人也会遇到这样的挫折。故 C 项正确，ABD 项错误。

5.D【解析】依据教材知识，提升抗逆力需要确立明确的人生目标，并学会积极看待自己，而 D 项存在明显的消极情绪。故 D 项正确，ABC 项错误。

6.A【解析】依据教材知识和题意，处于逆境时，我们应该把挫折视为成长的机会，积极总结经验，从挫折中获得成长，而 B 项独立思考没有提到，C 项和 D 项均表述错误。故 A 项正确，BCD 项错误。

7.(多选)ACD【解析】依据教材知识，想要提升抗逆力，要心存高远、保持乐观，多参与健康愉悦的活动，每天做一些能达成目标的事情，增强自身的成就感，而经常向朋友说自己坚持不下去了，并不利于提升自身的抗逆力。故 ACD 项正确，B 项错误。

8.(多选)ACD【解析】依据教材知识，用积极的视角认识挫折，有助于我们正视挫折，积极应对。例如，在遭遇失败时，不轻言放弃，而是把失败视为成功的必经之路，把挫折视为成长的机会，积极总结经验，找出失败的症结。选项中，ACD 项的情绪过于消极，B 项情绪积极、心态乐观。故 ACD 项正确，B 项错误。

三、判断题

1.×【解析】依据教材知识,个体的挫折反应受挫折情境和挫折认知的影响。

2.×【解析】依据教材知识,在挫折面前产生沮丧、愤怒或失望等情绪都是正常的,但是要采用恰当的方式应对。

3.√【解析】依据教材知识,现实自我和理想自我之间会存在一定差距,当现实自我和理想自我之间的差距较大时,就容易引发挫折感。

4.×【解析】依据教材知识,面对挫折,不同的人往往会有不同的挫折反应。

5.√【解析】依据教材知识,在成长道路上遭遇阻碍时,不要怨天尤人,而要直面困难;在追求目标的过程中遭遇失败时,也不要轻言放弃,而要把失败视为成功的必经之路。

6.×【解析】依据教材知识,每个人在成长的道路上,都可能遭遇各种各样的挫折,但挫折并不是越多越好。

7.√【解析】依据教材知识,“吃一堑,长一智”的意思是成长路上的各种挫折都有其独特的价值。

8.×【解析】依据教材知识,遇到挫折时,应尽可能多地找到应对当前挫折的各种方法,并分析结果和利弊,选择相对恰当的应对方法。

9.√【解析】依据教材知识,对于每个人来说,生命只有一次,只有生命存在,才会拥有未来,而艰难困苦也会被逐渐克服。

10.√【解析】依据教材知识,与重要他人建立良好的关系,照顾好自己,可以提升抗逆力。

四、简答题

1.(1)正确看待挫折,把挫折当作生活中不可避免的一部分。因为每个人在成长的道路上,都可能遭遇各种各样的挫折,但仍要直面困难,而不能轻言放弃。

(2)成长道路上的各种挫折都有其独特的价值。无论是顺境还是逆境,挫折都会让我们更加清醒地面对现实,使我们获得成长。

(3)接纳挫折中无法改变的事实。要学会接纳挫折中不能改变的因素,而对于自己的目标、心态、行动方式等能改变的因素,则要积极寻求改变的方法。

2.面对挫折,要用积极主动的策略来应对。

(1)以关怀和友善的态度对待遭遇挫折的自己。要学会自我悲悯,提醒自己每个人在生活中都可能遭受挫折,同时要鼓起勇气,勇敢面对。

(2)积极寻找解决问题的方法。首先,要明确目前遇到了什么样的挫折;其次,要采取恰当的应对方法,积极采取行动;最后,要确定应对挫折的具体步骤,注意评估应对效果。

(3)积极寻求他人帮助。遭遇挫折时,要积极向家人、朋友或老师寻求帮助,也可以向心理咨询师等专业人士求助。

(4)牢记生命至上。无论遇到怎样的艰难困苦和危机,都要牢记生命至上,因为人的生命只有一次,而任何强烈的情绪都会随时间发生变化,艰难困苦也会被逐渐克服。

3.具备一定的抗逆力,可以使我们在面对挫折和压力时保持正常的心理和身体状态,及时调整自己,并获得成长。

(1)要确立明确的人生目标。有了明确的人生目标,才能在绝境中奋起,创造有意义的人生。

(2)要心存高远,保持乐观。要相信生活中总会有美好的事情发生。

(3)要学会积极看待自己,照顾好自己。要关注自己的需要和感受,多参与健康愉悦的活动。

(4)要与重要他人建立良好的关系。家人、朋友或其他重要的人在生活中给予我们的帮助和支持,也可以提升我们的抗逆力。

五、辨析题

1.观点错误。理由:抗逆力是指个体在面对不幸、逆境或挫折等压力情境时的有效适应能力。抗逆力具有重要作用:①具备一定的抗逆力,可以使我们在面对挫折和压力时保持正常的心理和身体状态,及时调整自己,并获得成长;②提升抗逆力能帮助我们勇敢、有效地面对挫折,走出成功和有意义的人生之路。因此,抗逆力在我们的日常生活中发挥着重要作用。

2.观点正确。理由:挫折是生活的一部分,每个人在成长的道路上,都可能遭遇各种各样的挫折。而且成长道路上的各种挫折都有其独特的价值:处于顺境时,一定的挫折可以提醒我们不要盲目乐观,要更加清醒地面对现实;处于逆境时,我们也可以将挫折视为成长的机会,积极总结经验,在挫折中获得成长。

3.观点错误。理由:依据教材知识,“挫折后产生消极的情绪是正常的”,但不应沉溺其中,需接受现实并积极应对。消极情绪并非软弱的表现,关键在于如何应对。

六、案例分析题

1.(1)陆鸿幼时因高烧引发中毒性脑炎,导致小脑神经失常,落下终身残疾,言语交流也不是很顺畅,长大后,无法顺利找到工作。

(2)面对找不到工作的困境,陆鸿没有退缩,而是选择自主创业,经历千辛万苦,创办了远近闻名的实体相册生产工厂,并且为很多残疾人提供了就业岗位,改变了自己的命运。

2.在遭遇挫折时,可以采用以下几个方法提升自己的抗逆力。①确立明确的人生目标。有了明确的人生目标,才能在绝境中奋起,创造有意义的人生。②心存高远,保持乐观。即使遭遇非常痛苦的事情,也要学会用更宽广的胸襟、更长远的眼光来看待它,要相信生活中总会有美好的事情发生。③学会积极看待自己,照顾好自己。要关注自己的需要和感受,多参与健康愉悦的活动。④与重要他人建立良好的关系。家人、朋友或其他重要的人在生活中可以给予我们很多帮助和支持。

第五课 认识情绪 管理情绪

生活感悟

当遇到不如意的事情时，首先要使自己放松下来，保持镇定，不盲目做出决策；其次要仔细分析使自己的情绪产生较大波动的原因；最后要积极地进行自我调节，改善自己的情绪，如听音乐、跑步、向朋友倾诉等。

习题演练

一、填空题

1.主观体验；外部表现；生理反应

2.正性情绪；负性情绪

3.强度

4.强烈；持久

5.适应；动机；组织；信号

6.人；环境

7.疲倦；生病

8.正视情绪

9.交谈；书写；身体健康

10.调整想法；适度宣泄；正性情绪

二、选择题

1.D【解析】依据教材知识，情绪由主观体验、外部表现和生理反应三者共同构成。故 D 项正确，ABC 项错误。

2.B【解析】依据教材知识，正性情绪有开心、满足、兴奋等，负性情绪有愤怒、恐惧、悲伤等。故 B 项正确，ACD 项错误。

3.D【解析】依据教材知识，情绪是一种人在交流中传递的重要信号。通过身体姿势、面部表情、语气声调等情绪外部表现，我们可以知道他人的感受，也可以把自己的感受有效传递给他人。故 D 项正确，ABC 项错误。

4.B【解析】依据教材知识，天气的变化、家人团聚、即将到来的考试都属于环境影响因素，而人的生理状态不属于环境影响因素。故 B 项正确，ACD 项错误。

5.D【解析】依据教材知识，通过调整想法、适度宣泄、调整身体状态等，都可以调节自己的情绪。故 D 项正确，ABC 项错误。

6.（多选）ABC【解析】依据教材知识，在经历强烈情绪时，适度宣泄可以降低情绪的强度；

运动和睡眠能帮助人维持良好的身体状态，促进正性情绪的产生；还可以用诗词、美术和音乐作品等纾解情绪；但情绪虽然有正性和负性之分，却没有绝对的好坏之分，每一种情绪都有其独特的作用。故 ABC 项正确，D 项错误。

三、判断题

1.×【解析】依据教材知识，情绪作为心理活动的组织者，能够影响其他心理过程，如注意、记忆、思维和决策。

2.×【解析】依据教材知识，负性情绪使人心情压抑，会影响人的身心健康，但能提醒我们远离危险和伤害。

3.×【解析】依据教材知识，过于强烈的情绪可能会影响我们的学习、工作效率和身心健康。

4.×【解析】依据教材知识，情绪的产生和变化会受到环境因素的影响，也受到个体内部因素的影响。

5.√【解析】依据教材知识，人在疲倦时更容易感到心烦气躁，在生病时更容易感到悲观忧郁，有些食物、饮料或药物也会影响人的生理状态，从而影响人的情绪体验。

6.×【解析】依据教材知识，事件（A）只是引起人的情绪及行为结果（C）的间接原因，人对事件所持的信念（B）才是引起人的情绪及行为结果（C）的直接原因。

7.×【解析】依据教材知识，充足的睡眠令人神清气爽、心情愉悦，可以提升正性情绪出现的概率。

8.√【解析】依据教材知识，如果逃避或压抑负性情绪，不仅不利于进一步理解和调节情绪，甚至还会影响身心健康。

9.√【解析】依据教材知识，对事件的认识和理解是影响情绪体验的关键，想法改变了，情绪也会随之发生变化。

10.√【解析】依据教材知识，不合理的信念往往会导致情绪的困扰，如只注意事件的消极面等。

11.×【解析】依据教材知识，“无论是正性情绪还是负性情绪，对人类都具有独特作用”，故错误。

12.×【解析】依据教材知识，“每个人都可以积极主动地管理自己的情绪”，故错误。

四、简答题

1.情绪是人和环境相互作用的产物，情绪的产生和变化既受到环境因素的影响，也受到个体内部因素的影响。

（1）环境会影响情绪。自然环境中的颜色、声音、光线、温度等都能影响情绪。

（2）生理状态会影响情绪。人在疲倦的时候更容易感到心烦气躁，在生病的时候更容易感到悲观忧郁。

（3）个体对事件的看法和评价会影响情绪。积极的想法有利于产生正性情绪，消极的想法往往会带来情绪的困扰。

2.要成为情绪的主人,首先需要正视情绪。

(1)接纳并主动体验情绪。无论体验到正性情绪还是负性情绪,都要坦然接纳自己正在经历的情绪,而不要刻意压抑或回避这些情绪。

(2)合理表达情绪。接纳情绪并不代表我们可以任意表达情绪,而是要在随意发泄情绪和合理表达情绪之间画出一道清晰的界线。

3.每个人都可以积极主动地管理自己的情绪,可以通过调整想法来改变负性情绪,通过正确的方式来适度宣泄情绪,还可以通过调整自己的身体状态来提升正性情绪。

(1)调整想法。对事件的认识和理解是影响情绪体验的关键,想法改变了,情绪也会发生变化。

(2)掌握正确的宣泄方式。在经历强烈情绪时,适度宣泄可以降低情绪的强度。

(3)调整身体状态。运动和睡眠能帮助人维持良好的身体状态,促进正性情绪的产生。

4.一般来说,情绪具有适应、动机、组织和信号等功能。

(1)适应功能。情绪是个体适应生存和发展的一种重要方式。

(2)动机功能。情绪是动机系统的基本成分,能够激发和维持个体的行为,并影响行为的效率。

(3)组织功能。情绪是心理活动的组织者,能够影响其他心理过程,如注意、记忆和思维等。

(4)信号功能。情绪是一种人在交流中传递的重要信号,通过身体姿势、面部表情、语气声调等情绪外部表现,我们可以知道他人的感受,也可以把自己的感受有效传递给他人。

五、辨析题

1.观点错误。理由:遇到不如意的事情时,我们应该在随意发泄情绪和合理表达情绪之间画出一道清晰的界线。随意发泄情绪,如愤怒时攻击或羞辱他人,会给自己和别人都带来伤害。而用语言把自己的情绪描述出来,是最常用也是非常安全的表达情绪的方式。总之,通过合理的方式把自己的情绪表达出来,有利于人与人之间的沟通交流。

2.观点正确。理由:在经历强烈情绪时,适度宣泄有助于降低情绪的强度。宣泄的方式多种多样,可以把心中的不快、郁闷、困惑等向亲人、朋友、老师或心理咨询师等专业人士倾诉,以减轻自己的心理负担,得到安慰和建议;也可以把自己经历的情绪事件记录下来,通过书面文字来表达自己的情绪;还可以用诗词、音乐等纾解情绪。

3.观点错误。理由:每个人都可以积极主动地管理自己的情绪。例如,可以通过调整想法来改变负性情绪,可以通过正确的方式适度宣泄负性情绪,还可以通过调整自己的身体状态来提升正性情绪。

4.观点错误。理由:情绪是环境、生理状态和个体认知(个体对事件的看法和评价)共同作用的产物,仅环境舒适无法保证积极情绪(如个体可能有消极认知或身体不适)。

六、案例分析题

1.小袁和队友代表学校参加全国职业院校技能大赛,因为没有获得奖项,觉得辜负了老师和同学们的期望,所以感到很难过,但又没有找人倾诉,而是把伤心隐藏起来,导致情绪低落。

2.(1)接纳并主动体验情绪。无论体验到正性情绪还是负性情绪,都要坦然接纳自己正在经历的情绪,而不要刻意压抑或回避这些情绪,因为如果逃避或压抑负性情绪,不仅不利于进一步理解和调节情绪,还可能会影响身心健康。在案例中,小袁觉得伤心属于不好的情绪,只好强忍着,刻意压抑负性情绪,反而不利于身心健康。

(2)合理表达情绪。通过合理的方式把自己的情绪表达出来,有利于人与人之间的沟通交流,平常多学习和积累,也有利于更准确地描述自己的情绪。因此,小袁应该敞开心扉,通过向朋友、老师、亲人等倾诉,来正视和排解自己的情绪。

第六课　呵护花季 激扬青春

生活感悟

青春是宽大的校服,是一场场考试,是争分夺秒的奔跑。但无疑,青春又是短暂的,值得我们好好珍惜。

面对生活中的挑战,正值青春的我们应当自尊自重,自强自立,迎难而上,勇于追求人生的理想,努力使青春不留遗憾。

习题演练

一、填空题

1.儿童;成年;身体;心理

2.身高体重;脑与神经

3.内分泌

4.遗传基础;成长环境

5.责任

6.认真负责;专业技能;适应社会

7.公开;适度

8.言语;文字;肢体行为

二、选择题

1.B【解析】依据教材知识,在青少年期,个体身体和心理的发展包括身体发育逐渐成熟、自我意识进一步增强、抽象思维能力逐渐提升、情绪管理能力逐渐提升、逐渐走向独立等。故B 项正确,ACD 项错误。

2.D【解析】依据教材知识,生长激素能促进骨骼、内脏和肌肉等的生长,促进蛋白质合成,影响脂肪和矿物质代谢,在人体生长发育中起关键作用。故 D 项正确,ABC 项错误。

3.A【解析】依据教材知识，在学生时期，最重要的是以认真负责的态度完成自己的学业，获得未来就业的专业技能，培养健全的人格和适应社会的能力。故 A 项正确，BCD 项错误。

4.C【解析】依据教材知识，个人神话是指个体相信自己是特殊的、唯一的，认为自己是独特的，认为在别人身上出现的问题不可能出现在自己身上。故 C 项正确，ABD 项错误。

5.C【解析】依据教材知识，A 项不利于个人建立良好的人际关系，B 项和 D 项则可能使自己处于危险的境地，而避免深夜单独外出有利于自我保护。故 C 项正确，ABD 项错误。

6.D【解析】依据教材知识，青少年倾向于做各种新的尝试，表现出更多的创新性，但追求独立并不等同于一味追求独特，标新立异，而是表现为不人云亦云，有自己的独特见解。而“杜绝”“远离”说法过于绝对，同时，青春期的矛盾心理并不只是让我们产生烦恼，也是我们成长的契机，而在追求外在美的同时，也应该注意追求自身的内在美。故 D 项正确，ABC 项错误。

7.（多选）ACD【解析】依据教材知识，青少年遭遇性骚扰和性侵害的可能性较高，要注意预防性骚扰、性侵害，提高自我保护意识。由于青少年的身心发展尚未成熟，也缺乏社会阅历，因此过早发生性行为会对其造成较大伤害。同时，青少年出现性欲望、性幻想以及性梦是人的生殖系统逐渐发育成熟、身心发展的正常现象，应注意养成健康向上的生活方式。故 ACD 项正确，B 项错误。

8.（多选）ABCD【解析】依据教材知识，健康的生活方式是指有益于健康的习惯化的行为方式，包括积极的生活目标、规律的作息习惯、和谐的人际关系等。因此，健康的生活方式有助于我们的身心健康，但健康生活方式的养成也不是一蹴而就的，而是需要日积月累、持之以恒的。故 ABCD 项全部正确。

三、判断题

1.√【解析】依据教材知识，进入青春期后，个体的自我意识会进一步增强，个体会更深入地考虑“我是谁”“我从哪里来”“我将要到哪里去”等问题，并对过去、现在和未来的“我”进行整合，最终获得对自我身份的认同，形成稳定而成熟的自我。

2.×【解析】依据教材知识，进入青春期后，个体的身体和心理都会发生巨大变化。

3.√【解析】依据教材知识，责任是爱情不可或缺的部分，真正的爱情需要双方互相理解、互相尊重、互相关心、互相帮助，更需要双方承担应有的责任。同时，只有自立、自强、自爱，具备维护良好恋爱关系的能力，才能获得对方的尊重，为缔结美好的爱情奠定基础。

4.×【解析】依据教材知识，爱情三角理论中，爱情的三种成分是：亲密、激情和承诺。

5.√【解析】依据教材知识，爱情并不是人生的全部，学业、事业，亲情、友情都是生活的重要组成部分。

6.√【解析】进入青春期后，人的生殖系统逐渐发育成熟，身心不断发展，出现性欲望、性幻想和性梦是一种正常现象。

7.×【解析】依据教材知识，每个人的性格、能力和兴趣等心理特征并不相同。

8.√【解析】依据教材知识，外向性低的人具有对人疏远、不活跃、克制、腼腆、不喜欢冒险等特质。

9.×【解析】依据教材知识，进食障碍是一种进食行为的失调，会对人的身体和心理都造成危害。

10.×【解析】依据教材知识，性骚扰和性侵害的侵害者可能是陌生人，也可能是周围的熟人。

四、简答题

1.(1)身体发育走向成熟。这一时期，个体的身高体重急剧增加，心肺功能发展迅速，肌肉力量明显增强，脑与神经系统也逐渐发育成熟。

(2)自我意识进一步增强。随着自我意识的增强，青少年更容易专注于自我，且认为周围的人也都会关注自己，这会导致青少年产生“假想观众”和“个人神话”的认知偏差。

(3)抽象思维能力逐渐提升。这一时期，青少年逐渐可以运用概念、判断和推理来进行抽象思维活动，能够按照提出问题、形成假设并检验假设这样的途径解决问题，但思考问题的时候难以做到全面客观。

(4)情绪管理能力逐渐提高。这一时期，青少年能以更适合的方式表达并调节自己的情绪，但其情绪体验强度较高、变化较大。

(5)逐渐走向独立。青少年逐渐摆脱对父母的依赖，成为一个独立的个体，并期望在行为方面获得更多的自主权，但由于此时青少年的大脑发育尚未成熟，自我控制能力仍然不足。

2.由于每个人的遗传基础和成长环境不同，个体的身心发展也会表现出独特性。

(1)身体发育差异。每个人进入青春期的时间、发育的速度及性成熟的时间是不一样的，与同龄人相比，发育偏早或偏晚可能会带来心理上的挑战。

(2)心理特征差异。每个人的性格、能力及兴趣等心理特征各不相同，对不同事物或活动也有自己的偏好。

3.进入青春期后，个体的身心发展尚未成熟，也缺乏社会阅历，还没有能力承担过早发生性行为带来的后果。

(1)过早发生性行为会给青少年的身心造成很大危害，并可能导致女性意外怀孕。

(2)过早发生性行为会大大增加感染疾病的风险，一些生殖系统的疾病或性传播疾病可能导致终身不育、危及生命等严重后果。

五、辨析题

1.观点错误。理由：在青春期，青少年的情绪体验逐渐变得丰富和细腻，开始学会根据情境，以更适合的方式表达自己的情绪，并能适当调节自己的情绪。但青少年的情绪表现还具有两极性，所经历的情绪体验强度较高、变化较大，情绪仍然不够稳定。

2.观点错误。理由：健康的生活方式是一种有益于健康的习惯化的行为方式，主要包括积极的生活目标、规律的作息习惯、适度的体育运动、均衡的营养摄入、和谐的人际关系，以及对自己和他人的健康负责的态度和行为等。需要注意的是，健康生活方式的养成需要日积月累和持之以恒。

3.观点错误。理由:教材指出性欲望是“正常现象”,压抑可能导致心理问题,正确做法是科学认识并理性应对。

六、案例分析题

(1)由于每个人的遗传基础和成长环境不同,人与人之间的身心发展也会存在一定的差异,因此每个人的性格、能力及兴趣等也是不一样的。例如:人的性格存在很大的差异,有的人外向活泼,有的人内向收敛;有的人大胆果断,有的人小心谨慎,但性格本身并没有好坏之分。

(2)正是因为人与人之间存在着各种差异,所以社会才是多姿多彩的,我们要接纳和尊重个体之间的差异,正确认识自己和他人的不同之处,同时要充分发挥自己的特长和优势,展现自己的独特魅力。

第三单元　和谐交往 快乐生活

第七课　珍视亲情 学会感恩

生活感悟

孟母为了让孟子好好学习,养成良好的生活习惯,不惜多次搬家,孟子也逐渐明白母亲的良苦用心,从而发奋学习,最终成为儒家学说的代表人物。这也体现了父母对孩子的爱。父母为了让自己的孩子变得更好,付出了巨大的努力,不辞艰辛,把无私的爱都奉献给了孩子。作为父母的儿女,我们要尽力地回报父母,用实际行动去表达对父母的爱和感激。

习题演练

一、填空题

1.家庭

2.保障;动力

3.安全型;不安全型

4.亲密和谐

5.换位思考

6.知识;做人

7.铭于心;宣于口

8.回报父母

二、选择题

1.B【解析】依据教材知识,如果父母与子女之间亲密和谐,则会互相关心、互相尊重,遇事彼此信任、真诚沟通,但亲子之间难免会产生或多或少、或轻或重的隔阂或冲突。故 B 项正确,ACD 项错误。

2.D【解析】依据教材知识,体谅父母是指当我们对父母的做法不满意时,应该多站在父母的角度来思考,这样我们就可以从父母的唠叨中感受到他们的关心,从父母的责怪中体会到他们的期待,因为父母也在用自己的方式表达着对我们的爱。故 D 项正确,ABC 项错误。

3.A【解析】依据教材知识,百善孝为先,孝敬父母是为人子女的本分,也是中华民族的传统美德。故 A 项正确,BCD 项错误。

4.D【解析】"父母者,人之本也",这句话的释义就是父母是人的根本,体现了父母在我们人生中的重要地位。故 D 项正确,ABC 项错误。

5.D【解析】依据教材知识,父母赋予我们生命,抚育我们成长,教给我们知识、技能和做人的道理,我们作为子女也要用语言和行动真心孝敬父母、主动回报父母,做一个既懂得爱又有能力去爱的人。故 D 项正确,ABC 项错误。

6.C【解析】依据教材知识和题意,我们要饮水思源、感恩父母,承担力所能及的家务,理解父母,加强与父母的交流和沟通,努力同父母保持亲切融洽的关系,但并不意味着应完全听从父母的建议,而应有独立思考能力,同时,我们需要注意尽孝在当下,积极回报父母。故 C 项正确,ABD 项错误。

7.D【解析】依据教材知识,当我们对父母的做法不满意时,应该站在父母的角度来思考,从而理解父母的良苦用心,而保持个性、委曲求全、挑战父母的权威,都不利于化解我们与父母之间的矛盾。故 D 项正确,ABC 项错误。

8.D【解析】依据教材知识和题意,安全型依恋和不安全型依恋是婴儿期形成的亲子依恋关系,且互相信任、亲密和谐的亲子关系是最理想的,故 D 项正确,ABC 项错误。

9.C【解析】依据教材知识和题意,父母的教养方式、性格特点、童年经历及子女个性特点会影响亲子关系,书中未提及家庭经济条件,故 C 项正确,ABD 项错误。

10.(多选)AB【解析】依据教材知识,有效化解亲子冲突、增进亲子关系的方法有:珍惜亲情,尊重父母;反躬自省,理解父母;换位思考,体谅父母;坦诚沟通,信赖父母。而无论是减少接触还是各管各的,都不利于化解亲子冲突,反而可能会使亲子关系更加疏远。故 AB 项正确,CD 项错误。

三、判断题

1.×【解析】依据教材知识,孝敬父母不仅要铭于心、宣于口,还要践于行。

2.×【解析】依据教材知识,和谐的亲子关系的形成,需要父母和子女双方互相关心、互相尊重,遇事彼此信任、真诚沟通,而不能仅靠父母来维护。

3.×【解析】依据教材知识,亲子关系不是一成不变的,如果都不注意维护,安全型依恋关系也会变成不安全型依恋关系。

4.×【解析】依据教材知识,有的婴儿过分依赖父母,在父母离开时会生气、哭闹、焦虑,对陌生人冷漠或者戒备,这是不安全型依恋的表现。

5.√【解析】依据教材知识，即使是亲密和谐的亲子关系，亲子之间也会有或多或少的隔阂或者冲突。亲子关系可能是亲密和谐的，也可能是疏远或冲突的。

6.×【解析】依据教材知识，亲情是我们规划人生的动力，家人通过分享他们自己的人生阅历，可以为我们提供人生指导，帮助我们了解自我，规划人生。

7.×【解析】依据教材知识，父母抚养我们长大，我们应该珍惜这份亲情，积极回报父母，处于学生时期的我们，可以主动分担家务，不向父母提过分的要求，减轻父母的生活压力。

8.√【解析】依据教材知识，当我们对父母的唠叨感到困扰时，应该多站在父母的角度来思考，这样便可以从父母的唠叨中感受到关心。

9.√【解析】依据教材知识，在人际交往中，换位思考是重要的为人处世方式，是融洽人际关系的润滑剂，也是化解亲子冲突的有效方式。

10.√【解析】依据教材知识，子女与父母坦诚沟通能消除不必要的误会，增进彼此间的理解和信任。

四、简答题

1.(1)亲情与生俱来、割舍不断。父母给予我们生命，哺育我们成长，和我们形成了一种强烈、持久而又密切的情感联结。

(2)亲情是身心健康成长的保障。家庭是呵护我们成长的摇篮，是温暖心灵的港湾。家人通过辛勤的工作，从衣食住行等方面尽力为我们提供必需的生活条件。

(3)亲情是规划未来人生的动力。家人的合理期望会激励我们努力学习，成为更好的自己，我们也能从家人的认可和肯定中增强自信，向更高的目标迈进。

2.(1)珍惜亲情，尊重父母。亲情是无法取代的感情，在与父母的交往中，我们要珍惜父母的关爱，感激父母的付出，尊重父母的建议。

(2)反躬自省，理解父母。每个人都有自己的优点和缺点，父母也不例外，作为子女，我们要多发现父母的长处，多理解父母的不易，懂得他们并非无所不能。

(3)换位思考，体谅父母。当对父母的做法不满意时，我们应该多站在父母的角度来思考，我们应该相信父母，他们也是在用自己的方式表达着对我们的爱。

(4)坦诚沟通，信赖父母。我们应与父母坦诚沟通，让父母知道我们的喜怒哀乐和所思所想，从而消除误会，增进彼此间的理解和信任。

3.(1)饮水思源，感恩父母。只有真正懂得父母的爱与付出，才会真心感恩父母，在日常生活中，要常怀感恩之心。

(2)行胜于言，孝敬父母。孝敬父母既是为人子女的本分，也是中华民族的传统美德。孝敬父母要铭于心、宣于口，还要践于行。

(3)珍惜亲情，回报父母。要珍惜父母对我们的爱，并采用适当方式回报父母。回报父母不仅体现在经济独立之后的物质赡养，还体现在平时学习和生活中的点点滴滴。

五、辨析题

1.观点错误。理由：不同类型亲子关系的形成原因也比较复杂，与父母的教养方式、性格特点及其童年经历等有关,也与子女的个性特点有关,因此现代亲子之间关系不和谐,父母对孩子的态度只是其中一个影响因素。

2.观点正确。理由:①尊重父母要求我们在与父母的交往中,珍惜父母的关爱,感激父母的付出,尊重父母的建议,而如果把父母的爱视为理所当然,对父母缺乏耐心,亲子之间就容易出现隔阂或者冲突。②体谅父母意味着当我们对父母的做法不满意时,应尝试站在父母的角度来思考,这样我们才能从父母的唠叨中感受到关心。因此,在日常生活中尊重父母、体谅父母,对于促进亲子关系和谐具有积极作用。

3.观点错误。理由:父母虽值得尊重,但并非永远正确;父母也有优缺点,应通过坦诚沟通表达观点;正确的做法是尊重父母建议的同时保持理性判断,而非无条件接受。

六、案例分析题

(1)精心的礼物。在亲人生日、纪念日等重要时刻,送给他们礼物,礼物是否贵重不在于价格高低,而在于心意多少,如案例中小杨想送给妈妈一个漂亮的发饰。

(2)为家庭服务的行动。通过洗碗、扫地等行动,力所能及地帮亲人分担家务,如案例中小贺在周末帮奶奶做家务。

(3)贴心的陪伴。珍惜与亲人共度的时光,通过一起聊天、吃饭、散步等方式陪伴亲人,如案例中小雷主动找爸爸谈心,小元陪姥爷下象棋。

第八课　良师相伴 亦师亦友

生活感悟

(1)在日常的生活和学习中,我们要言行有礼,尊重老师,铭记师恩,积极践行中华民族尊敬师长的传统美德。

(2)遇到问题要多与老师沟通,与老师主动交往,向老师请教,做勤学好问的好学生。

(3)学会换位思考,经常站在老师的角度考虑问题,体谅老师,真诚关心老师。

习题演练

一、填空题

1.知识;技能

2.民主平等

3.冷淡;不和谐

4.己所不欲;勿施于人

5.良好品德

6.理解;理性

7.坦诚相待

8.尊敬师长

二、选择题

1.D【解析】依据教材知识,良好师生关系的特征包括四个方面,分别是尊师爱生、教学相长、心理相容和民主平等。故D项正确,ABC项错误。

2.C【解析】依据教材知识,我们见到老师应该主动问好,与老师说话应该使用礼貌用语,这些礼仪表达了我们对老师的敬意。故C项正确,ABD项错误。

3.D【解析】依据教材知识,我们可以通过真诚关心拉近师生间的距离,因为人与人之间的关心是相互的,这是建立良好人际关系的前提,师生关系也是如此。故D项正确,ABC项错误。

4.D【解析】依据教材知识,坦诚相待是消除误会的法宝,遇到问题时,要坦诚向老师表达自己内心的想法,解释做出某种行为的原因,从而消除双方之间的误会。故D项正确,ABC项错误。

5.D【解析】依据教材知识,在现实生活中,师生关系也可能存在冷淡甚至其他不和谐的情况,如有的学生对老师疏远、敬而远之,与老师的互动交流过少。故D项正确,ABC项错误。

6.C【解析】依据教材知识,良好的师生关系不仅有助于学业发展,还能塑造品德、促进心理健康,故C项错误,ABD项正确。

7.B【解析】依据教材知识,"换位思考,理解老师"是化解冲突的正确方法。故B项正确,ACD项错误。

三、判断题

1.√【解析】依据教材知识,师生双方应互相尊重、关心、理解、信任,形成和谐的师生关系。

2.×【解析】依据教材知识,如果师生之间关系紧张,不仅不利于师生间的沟通与交流,老师也无法为学生提供有效的帮助,从而不利于学生的成长与进步。

3.√【解析】依据教材知识,许多人际冲突源于误会,师生冲突也不例外,而坦诚相待是消除误会的法宝。

4.×【解析】依据教材知识,老师应以民主平等的方式对待学生,与学生一起制订学习目标和学习计划,鼓励学生持之以恒地努力学习。

5.×【解析】依据教材知识,老师也可以成为学生的知心朋友,老师对学生来说,亦师亦友。

6.√【解析】依据教材知识,良好的师生关系不仅有助于学生的学业发展,也有助于塑造学生的良好品德,还有助于学生的心理健康。

7.√【解析】依据教材知识,学生在日常生活和学习中应做到言行有礼,如见到老师主动问好,不迟到、不早退,这些都体现了学生对老师的尊重,也有利于形成良好的师生关系。

8.√【解析】依据教材知识,如果老师在课堂上的讲授出现了错误,而学生能用恰当的方式指出老师的错误,如学生可以在课后与老师交流,委婉地向老师指出错误,学生就做到了言行有礼,也体现了对老师的尊重。

9.×【解析】依据教材知识，学生避免与老师交流或接触，对老师敬而远之的话，老师无法有效帮助学生，不利于学生自身的成长。

10.×【解析】依据教材知识，师生之间是一种民主平等的关系，老师应该理解学生，平等地与学生交往，并允许学生合理表达自己的想法。

11.×【解析】依据教材知识，现实中师生关系可能存在冷淡或其他不和谐的情况。

四、简答题

1.(1)良好的师生关系有助于学生的学业发展。良好的师生关系有利于创造既严肃又活泼、既紧张又自由的学习气氛，在这样的氛围中，学生学习的积极性更高，注意力更集中，思维更活跃，学习效果更好。

(2)良好的师生关系有助于塑造学生的良好品德。在良好的师生关系中，学生往往主动亲近老师，乐于接受老师的教育，听从老师的教诲和建议。

(3)良好的师生关系有助于学生的心理健康。在良好的师生关系中，老师的关爱、鼓励、信任和尊重，可以帮助学生以积极、乐观、向上的心态面对学习和生活中的难题。

2.(1)换位思考，理解老师。当师生关系出现问题时，学生要学会换位思考，冷静客观地分析原因，多从自身反思，理解老师的良苦用心和期待。

(2)保持理性，避免冲动。学生要虚心听取老师的教诲，理性对待老师的评价，要把老师的表扬看作一种鼓励和期待，把老师的批评当成一种鞭策。

(3)坦诚相待，彼此信任。坦诚相待是消除误会的法宝，遇到问题时，学生要坦诚向老师表达自己内心的想法，解释做出某种行为的原因，从而消除双方之间的误会，建立起对彼此的信任。

3.(1)言行有礼。尊敬师长是中华民族的传统美德，也是每一位学生应该遵守的行为准则。在日常生活中，见到老师要主动问好；在教学活动中，要专心听讲；在岗位实习中，要遵守实习单位的纪律。

(2)勤学好问。勤奋好学、虚心求教可以增加与老师互动的机会，从而促进学业进步。

(3)主动交往。良好的师生关系是在日常互动中逐渐建立起来的，在与老师的交往中，要主动争取与老师接触的机会，逐渐拉近与老师的距离。

(4)真诚关心。人与人之间的关心是相互的，这是建立良好人际关系的前提，在接受老师关爱的同时，要心怀感恩，以适当的方式主动向老师表达谢意和关心。

4.(1)尊师爱生。学生尊敬老师，礼貌待师，协助配合老师工作，虚心接受老师指导，老师关心爱护学生，指导帮助学生。

(2)教学相长。老师和学生在教学活动中相互影响和促进，共同得到提高。

(3)心理相容。老师和学生在心理上协调一致，在教学过程中和谐融洽、亦师亦友。

(4)民主平等。老师理解学生，平等地与学生交往，允许学生合理表达自己的想法。

五、辨析题

1.观点错误。理由：教育惩戒是指学校、老师基于教育目的，对违规违纪学生进行管理、训导或者以规定方式予以矫治,促使学生引以为戒、认识和改正错误的教育行为,但教育惩戒并不是对学生的惩罚,而是学校、老师行使教育权、管理权、评价权的具体方式。

2.观点错误。理由:构建和谐的师生关系需要师生双方的共同努力。

(1)老师是学生学习生涯的指导者,成长道路的引路人。学生常以老师为榜样,学习老师的优良品德。因此,老师应发挥模范带头作用,言传身教,理解学生,尊重学生,主动与学生交流,建立和谐的师生关系。

(2)学生应言行有礼、勤学好问、与老师主动交往、真诚关心老师,正确处理与老师之间的冲突,消除误会,与老师和谐融洽相处。

3.观点错误。理由:师生关系的和谐不仅依赖学业表现;教材中提到,师生关系需通过互相尊重、主动交往、真诚关心等长期互动建立;成绩只是学业发展的体现,而良好师生关系的建立还需品德塑造、心理健康支持等多方面努力。

六、案例分析题

(1)换位思考,理解师傅。要理解和尊重师傅,多站在师傅角度考虑,体会师傅对实习安排的良苦用心,从而减少对师傅的抱怨和不合理的要求。

(2)保持理性,避免冲动。主动向师傅道歉,承认自己一时冲动,没能控制好情绪,寻求师傅的谅解。

(3)坦诚相待,彼此信任。试着多与师傅沟通,坦诚说出自己的想法,了解师傅对实习工作的具体安排及原因,增进师生之间的相互了解,消除彼此之间的误会,建立起对彼此的信任。

第九课　友好相处 学会合作

生活感悟

(1)作为团队中的一员,我们要把个人行动融入团队目标,和团队成员一起为实现目标而努力,凭借集体的力量实现合作共赢。

(2)团队成员各有所长、优势互补,才能形成合力,高效协作。

(3)团结就是力量,团结才能胜利。个人目标的实现依赖团队目标的达成,团队目标只有通过团队成员的共同努力,才能实现。

习题演练

一、填空题

1.心理健康;个人发展

2.归属;交往

3.同伴关系

4.认真倾听

5.友爱互助

6.共情;初级;高级

7.适应社会;迎接挑战

8.十全十美;闪光点

二、选择题

1.B【解析】依据教材知识,拒绝时要明确、果断,不能模棱两可、犹豫不决,而ACD项都是拒绝他人时的恰当做法。故B项正确,ACD项错误。

2.D【解析】依据教材知识,团队成员有共同的目标是团队合作的基础,而A项相互信任是团队合作的情感保障,B项有良性冲突是发现问题和解决问题的契机,C项有强烈的责任感是行动力的源泉。故D项正确,ABC项错误。

3.B【解析】依据教材知识,“近朱者赤,近墨者黑”比喻接近好人使人变好,接近坏人使人变坏,强调客观环境对人有很大的影响,也启示我们要慎重选择朋友,择善而交。故B项正确,ACD项错误。

4.D【解析】依据教材知识,A项学习榜样可以汲取前进的力量,B项坦诚交流有利于化解人与人之间的矛盾冲突,C项互相支持有利于共克学业难关,而D项过度依赖彼此,则不利于培养人的独立自主能力,不利于个体的成长和进步。故D项正确,ABC项错误。

5.C【解析】依据教材知识,共情是站在他人的角度体会对方的感受,即我能了解你的感受,我能理解你的心情,我能体会你的难处。故C项正确,ABD项错误。

三、判断题

1.√【解析】依据教材知识,集体的接纳和认可带来归属感和安全感,当归属和交往的需要得到满足后,我们就会心情愉悦、积极乐观。

2.×【解析】依据教材知识,有效沟通不是对别人一味迁就,而是学会说“不”,这是对自己和他人更加负责的表现。

3.×【解析】依据教材知识,个人的力量是有限的,只有积极融入团队,才能得到更好的发展。

4.×【解析】依据教材知识,良好的同学关系需要我们采取适合自己的方式去积极建立和维系,如提升自身修养、学会认真倾听、善于有效沟通等。

5.×【解析】依据教材知识,在交往中表现得害羞、退缩或回避,无法融入同伴群体,被大多数同学所忽视的同伴关系类型属于被忽视型。

6.√【解析】依据教材知识,维系朋友间的友谊,要以友爱互助为原则,既要与人为善,乐于帮助别人,同时也要善于向他人求助。

7.×【解析】依据教材知识,与同学和谐相处就要互相陪伴、互相帮助、互相鼓励、共同成长,但并不是一味迁就,而是要有独立判断能力,对不合理的事情说“不”。

8.√【解析】依据教材知识,帮助别人的人,自己也会感到非常快乐。

9.√【解析】依据教材知识，每个人都不可能十全十美，所以需要分工合作，共同完成任务。

10.×【解析】依据教材知识，在听他人说话时，要认真倾听，这样可以让他人感受到尊重和重视，使人际关系更融洽。

四、简答题

1.(1)提升自身修养。在与同学的相处中，要通过不断学习，提高自身修养，有意识地培养良好的个性品质。

(2)学会认真倾听。认真倾听他人说话，可以让他人感受到尊重和重视，使人际关系更融洽，在倾听时需要注意细节。

(3)善于有效沟通。有效沟通有利于增进了解、消除误会、建立信任，要勇于表达自己的态度和见解，清晰、准确地表达自己的想法和需求。

(4)正确处理矛盾。当与同学发生矛盾时，要尽快平复情绪，冷静分析原因，既要从自身找原因，也要换位思考。

2.(1)明确目标，融入团队。团队是有共同目标的，作为团队中的一员，我们要把个人行动与团队目标相融合，与团队成员一起为实现目标全力以赴，借助团队的力量实现合作共赢。

(2)发挥所长，分工合作。在团队中，每个成员都应有明确的个人分工。我们需要了解自己的闪光点，积极参与团队任务，发挥所长，勇于担当。团队成员之间应优势互补，合理分工，实现高效协作。

(3)乐于付出，共同进步。个人目标的实现依赖团队目标的达成。团队目标的实现需要团队成员的共同努力。在团队中，既要发挥个人优势，又要顾全大局、乐于付出，充分依靠和发挥团队的力量，实现个人和团队的共同进步。

五、辨析题

1.观点正确。理由：和谐的同学关系是我们心理健康和个人发展的有力保障。①和谐的同学关系有助于满足我们归属和交往的心理需要。集体的接纳和认可带来归属感和安全感，当归属和交往的心理需要得到满足时，我们就会心情愉悦、积极乐观。②和谐的同学关系促进个人发展。个人的发展离不开他人的帮助。在校园中，我们结交朋友，收获真挚的友谊；虚心学习，汲取榜样力量；互相支持，共克学业难关；取长补短，促进个人发展。

2.甲和乙的观点均不正确。理由：①对待朋友，我们应坦诚交流，同时也应坚持原则，不得以牺牲原则为代价来维护所谓的友谊。②要想建立长久而真挚的友谊，我们与朋友相处时，应共情包容，体谅对方，不斤斤计较。然而，宽容不等于软弱、怯懦，更不等于无原则、无底线地纵容朋友的错误行为。③在交友过程中，我们既要坚持原则、分清是非，还要共情包容、求同存异。

六、案例分析题

(1)要尽快平复情绪，冷静分析原因，换位思考，体谅小沈，理解小沈的心情，同时积极反思自己的行为。

(2)要心平气和地跟小沈沟通。要客观地讲清楚事实经过，澄清误会。同时，也要注意措辞和语气,避免出口伤人。

(3)邀请小沈一起去找老师说清事情原委,帮助小沈澄清误会。

第十课　和谐校园 共同维护

生活感悟

(1)常见的校园欺凌和暴力包括身体欺凌和暴力、言语欺凌和暴力、关系欺凌和暴力三种类型。

(2)校园欺凌和暴力危害较大:受害者会因欺凌和暴力遭受身体和心理创伤;欺凌和施暴者的性格可能会变得更加暴躁,难以控制自己的行为,甚至走上违法犯罪的道路;旁观者会因为欺凌和暴力行为的刺激产生内疚、恐惧、无助等不良心理反应。

习题演练

一、填空题

1.安全文明

2.欺负;侮辱;精神损害

3.违规;违法行为;刑事犯罪

4.身体;言语;关系

5.明是非;懂法律

6.烟酒;赌博

7.血液;性;母婴

8.道德规范;校纪校规

9.自身安全

10.人生理想

二、选择题

1.C【解析】依据教材知识,言语欺凌和暴力主要表现为起侮辱性外号、戏弄、辱骂、恐吓等行为。故C项正确,ABD项错误。

2.B【解析】依据教材知识,面对有害信息、烟酒、赌博等不良诱惑,需要坚决抵制。故B项正确,ACD项错误。

3.B【解析】依据教材知识,《中华人民共和国刑法》规定:本法所称的毒品,是指鸦片、海洛因、甲基苯丙胺(冰毒)、吗啡、大麻、可卡因以及国家规定管制的其他能够使人形成瘾癖的麻醉药品和精神药品。故B项正确,ACD项错误。

4.D【解析】依据教材知识,欺凌和施暴者性格可能会变得更加暴躁,难以控制自己的行为，甚至会走上违法犯罪的道路，而受害者往往会遭受身体和心理创伤。故 D 项正确，ABC 项错误。

5.D【解析】依据教材知识，面对不良诱惑，我们需要坚决抵制，而且应该拒绝网络中的有害信息，提高自身的辨别能力。同时，我们不一定要选择直播作为职业，结交朋友也应该择善而交。故 D 项正确，ABC 项错误。

6.C【解析】依据教材知识，遭遇校园欺凌时，不能选择默默忍受，应立即向老师和家长求助，必要时报警，通过法律途径解决，而一味包容忍让或者以牙还牙，都不是处理此类问题的正确做法。故 C 项正确，ABD 项错误。

7.（多选）ABC【解析】依据教材知识和题意，小薛的行为属于校园欺凌和暴力，应该对其进行教育惩戒，使其认识和改正自己的错误行为，而如果对小薛的行为不以为意，放任小薛对同学的欺凌行为，小薛可能会走上违法犯罪的道路。故 ABC 项正确，D 项错误。

三、判断题

1.√【解析】依据教材知识，通过数字平台，以文本、图片或音视频等电子信息蓄意对他人进行骚扰、威胁、排挤或散布关于他人的谣言属于网络欺凌和暴力。

2.×【解析】依据教材知识，毒品能让人成瘾，一旦进入人体，就会影响人的神经系统，破坏人体生理机能和新陈代谢，并引发多种疾病。

3.×【解析】依据教材知识，艾滋病主要通过三种途径传播，分别是血液传播、性传播和母婴传播，日常生活和工作接触不会传播。

4.√【解析】依据教材知识，由于青少年的自制力较弱，一些青少年可能会沉迷网络游戏，其思想和情感容易与现实脱节，从而在不知不觉中迷失自我。

5.×【解析】依据教材知识，校园欺凌和暴力会对受害者、施暴者和旁观者都造成影响。

6.×【解析】依据教材知识，当校园欺凌和暴力事件发生时，自身安全永远是第一位的。

7.×【解析】依据教材知识，赌博已从现实生活扩展到网络空间，网络赌博比线下赌博更隐蔽。

8.×【解析】依据教材知识，校园欺凌和暴力是一种特殊类型的暴力行为，与一般暴力行为的根本区别在于以强凌弱、以大欺小、以众欺寡。

9.×【解析】依据教材知识，受到校园欺凌和暴力后，我们应第一时间向老师和家长求助，必要时选择报警，通过法律途径解决。

10.√【解析】依据教材知识，当校园欺凌和暴力事件发生时，旁观者在保证自身安全的前提下，应以合理合法的方式，尽己所能，阻止校园欺凌和暴力行为，必要时还可以留存证据、协助报警或求助他人。

四、简答题

1.对于校园欺凌和暴力，要明是非、守规矩、懂法律，要增强自我保护意识和能力，同时也不要恃强凌弱。

（1）增强防范意识，学会自我保护。应做到不公开显露自己的财物，遇到纷争适度退让，有过错主动道歉，积极化解矛盾，使用网络时注意保护隐私，等等。

(2)机智应对校园欺凌和暴力。当校园欺凌和暴力事件发生时，自身安全永远是第一位的，要学会机智周旋，减少伤害，积极自救，事后要第一时间向老师和家长求助，必要时报警，并向心理老师或专业的心理咨询机构寻求帮助。

(3)当校园欺凌和暴力事件发生时，旁观者在保证自身安全的前提下，应以合理合法的方式，尽己所能，阻止校园欺凌和暴力行为，必要时还可以留存证据、协助报警或求助他人。

2.(1)积极参加有益身心健康的文体活动，把时间和精力放在学习上，让吸烟、赌博等不良诱惑无机可乘。要主动承担起对自己、对家庭和对社会的责任，追求自己的人生理想，实现生命的价值和意义。

(2)坚决远离“黄色”诱惑，抵制毒品，预防艾滋病。要拒绝浏览不健康信息，不过度使用网络，不涉足色情场所、问题网吧等，远离赌博，同时做到洁身自爱，学会保护自己，切断可能的艾滋病传播途径。

3.(1)理智应对。通过变更账号、不予回应、不参与跟帖等方式，使网络欺凌和施暴者的目的无法得逞。

(2)及时报告。第一时间向父母、老师求助或主动向学校举报，必要时选择报警，同时将聊天记录等证据及时备份并妥善保存，以便后续取证。

(3)提供支持与协助。旁观者应积极留存证据，提供协助。作为同伴，应给予受害者必要的理解和鼓励，帮助他们走出网络欺凌和暴力的阴影。

五、辨析题

1.观点正确。理由：校园欺凌和暴力对参与各方都有害，所以要坚决抵制。对于受害者来说，受害者会因校园欺凌和暴力遭受身体和心理创伤；对于欺凌和施暴者来说，欺凌和施暴者的性格可能会变得更加暴躁，难以控制自己的行为，甚至走上违法犯罪的道路。同时，也会给旁观者带来一定的影响，旁观者可能会因为校园欺凌和暴力行为的刺激而产生内疚、恐惧、无助等不良心理反应。

2.观点错误。理由：赌博败坏社会风气、滋生违法犯罪，直接危害人民群众财产安全和社会稳定，还会助长不劳而获、投机取巧的不良风气，甚至导致暴力行为。而且随着赌博扩展到网络空间，网络赌博比线下赌博更隐蔽。总之，我们要遵守道德规范、校纪校规和法律法规，养成健康的生活方式，坚决抵制不良诱惑。

3.观点错误。理由：依据教材知识，“旁观者也应伸出援助之手，不能成为事件的局外人”；保持沉默会纵容欺凌行为，加剧受害者所受的伤害，甚至可能使欺凌蔓延；正确的做法是机智应对(如及时报告老师或报警)，在保护自身安全的前提下制止欺凌行为。

六、案例分析题

(1)保持冷静，理智应对。在遭遇网络欺凌和暴力后，要尽量保持冷静，不要以暴制暴。案例中，小何在发现自己遭遇网络欺凌和暴力后，压制住了立即回击的怒火，积极思考解决问题的办法。

(2)及时报告。要主动告诉父母、老师或向学校举报,并保存好相关证据。案例中,小何在保留截图等证据后,及时向老师反映情况。

(3)如果在遭遇网络欺凌和暴力后有了心理创伤,要积极向心理老师或专业的心理咨询机构寻求帮助,维护自身心理健康。

第四单元　学会学习 终身受益

第十一课　主动学习 高效学习

生活感悟

(1)设定明确而恰当的学习目标,并给每个学习目标设定完成的时限。

(2)端正自己的学习态度,遇到困难时,要积极寻找解决问题的方法。

(3)激发学习动机,调动外部学习动机,帮助自己战胜学习上的惰性和畏难情绪。

(4)培养广泛的兴趣爱好,提升自己的综合素养。

(5)善用多种学习形式,提升自己的素质和能力。

习题演练

一、填空题

1.重视学习;善于学习

2.新知识;新技能

3.学习态度

4.学习动机;内部;外部

5.学习

6.实际

7.首因效应;近因效应

8.学习迁移

二、选择题

1.B【解析】依据教材知识,主动学习者具有适宜的学习动机,既会因为个人兴趣或自我追求而自觉自愿地学习,也会为获得让自己愉快的外部奖励而坚持学习。故 B 项正确,ACD 项错误。

2.C【解析】依据教材知识,学习目标是学习者对于学习活动能够达到什么结果的预期,以及如何让这个预期变为现实的具体规划,进入大学就是一个能让学习者持续努力的学习目标。

故C项正确,ABD项错误。

3.D【解析】依据教材知识,学习迁移是指先前掌握的知识或技能会影响随后的学习活动,因此在学习中,我们要学会举一反三,触类旁通,不断利用已有的知识和技能促进新的学习。故D项正确,ABC项错误。

4.C【解析】依据教材知识,学习形式是指获取知识、掌握技能的方式,有理论学习和实践学习、课堂学习和课外学习等。故C项正确,ABD项错误。

5.C【解析】"非学无以广才",这句话的释义是不学习就无法增长知识、提高才干,这句话表明了学习的重要性。故C项正确,ABD项错误。

6.B【解析】依据教材知识和题意,课前预习、课上认真听讲、合理安排时间都是科学的学习方法和良好的学习习惯,我们应学会自主学习,科学安排时间,养成良好的学习习惯,提高学习效率。"培养自己对每一门学科的兴趣"体现出应发现并保持学习兴趣,做到全面发展,而学习需要适度的压力,不应不断加压。故B项正确,ACD项错误。

7.(多选)AD【解析】依据教材知识,学习迁移是指先前掌握的知识或技能会影响随后的学习活动,将书本知识运用于解决实际问题中,可以促进书本知识的活学活用。掌握专业技能,需要长期的刻意练习,而B项和C项在材料中均未体现。故AD项正确,BC项错误。

8.(多选)ABCD【解析】依据教材知识和题意,"小王从小喜爱汽车,立志长大后从事汽车相关工作",说明小王对汽车具有浓厚的学习兴趣和清晰的学习目标。"他认真学习、主动钻研",说明小王具有积极的学习态度。"利用实习实训时间,积极向校内外的技术能手学习",说明小王的学习形式灵活多样。故ABCD项全部正确。

三、判断题

1.×【解析】依据教材知识,学习动机水平太高或者太低都不利于提高人的学习效率,只有适宜的学习动机,才能调动人的学习热情,使人进入学习状态。

2.×【解析】依据教材知识,如果优先安排重要不紧急的学习任务,就可以降低重要又紧急或不重要却紧急的任务的发生概率,便可以把时间花在重要事情上。

3.√【解析】依据教材知识,课堂学习是一种学习形式,也是学习者获取知识的有效来源。

4.×【解析】依据教材知识,遗忘遵循先快后慢的规律,因此,为了避免遗忘,可以运用"先及时复习,后间隔复习"的记忆策略。

5.√【解析】依据教材知识,无论是学习知识还是学习技能,我们都必须掌握科学的学习方法并不断努力,才能达到事半功倍的学习效果。

6.√【解析】依据教材知识,只有通过长期刻意练习,拥有一门专业技能,我们才能更好地在社会上立足。

7.√【解析】依据教材知识,学习新知识后,要及时复习,这样记忆痕迹会随着重复次数的增加而逐渐加深。

8.×【解析】依据教材知识,在复习阶段,要重视记忆的首因效应和近因效应,适当调整复习内容的先后顺序,避免长时间不间断地集中复习,要采取有间隔的分散复习策略,从而巩固学习成效。

9.×【解析】依据教材知识,目标设定要符合实际,通过努力能够实现。

10.√【解析】依据教材知识,学习动机分为内部动机和外部动机,而良好的学习成绩、物质奖励或者老师的表扬等都属于外部动机。

四、简答题

1.(1)积极的学习态度。主动学习者通常具有积极的学习态度,能够将注意力集中在学习内容上,在学习过程中获得积极的情绪体验。

(2)清晰的学习目标。主动学习者往往具有清晰的学习目标,能够制订有效的行动计划,并朝着这个目标努力。

(3)适宜的学习动机。主动学习者具有适宜的学习动机,既会因为个人兴趣或自我追求而自觉自愿地学习,也会为获得让自己愉快的外部奖励而坚持学习。

(4)浓厚的学习兴趣。主动学习者具有浓厚的学习兴趣,能积极投身到学习活动中,集中注意力,提高学习效率。

(5)灵活多样的学习形式。主动学习者能够针对不同的学习内容,结合自己的学习习惯,灵活运用不同的学习形式,解决学习过程中遇到的问题,不断提升自己的素质和能力。

2.(1)端正学习态度。在学习上遇到困难时,要用顽强的意志力坚持下去,体验克服困难带来的成就感,增强学习的信心。

(2)明确学习目标。目标设定要符合实际,通过努力能实现,目标与目标之间要有连贯性和一致性,每个目标都要设定完成时限。

(3)激发学习动机。要注重挖掘学习的内部动机,找到自己擅长或热爱的领域,这样才能保持更持久的学习热情。

(4)培养多种兴趣。培养广泛的兴趣爱好可以充实我们的课余生活,帮助我们结识不同领域的优秀同伴,提升综合素养。

(5)善用多种学习形式。要充分运用理论学习和实践学习、课堂学习和课外学习、线上学习和线下学习等多种学习形式,不断夯实基础、拓展提升。

3.(1)战胜拖延,立即行动。拖延是时间管理的天敌,战胜拖延,关键在于立即行动。

(2)了解自己的最佳学习时间。要了解自己在一天之中哪个时间段的身心状态最好,可利用这段时间来解决有难度的学习任务。

(3)优先安排重要不紧急的学习任务。优先安排重要不紧急的学习任务,可以降低重要又紧急或不重要却紧急的任务的发生概率,把时间花在重要事情上。

(4)有效利用零碎时间。合理利用整块时间与零碎时间,能够有效维持有规律的学习习惯,提升学习效率。

五、辨析题

1.观点错误。理由:专业技能主要是指从事某一职业的专业能力。这项能力不是天生就拥有的,而是需要经过后期长期刻意练习才能拥有。常言道,天才是1%的灵感加上99%的汗水。所谓的"天才"，都是"长期刻意练习"的结果。

2.观点正确。理由：兴趣是最好的老师，用认真钻研的态度发展兴趣爱好，就是在积累有益的学习经验，也是在增长技能本领。而且"技多不压身"，每一项兴趣爱好都有可能为我们未来的职业发展增光添彩。同时，培养广泛的兴趣爱好可以充实我们的课余生活，提升我们的综合素养。

六、案例分析题

(1)善于运用学习策略，提高课堂学习效率。小郭可以坚持课前预习，在课堂上集中注意力认真听讲，课后及时回顾和复习，从而改善课堂学习的效果。

(2)巧妙利用记忆规律，巩固所学知识。在学习阶段，小郭可以运用精细加工策略，对新知识进行有意义的加工，发掘知识之间的内在联系。在复习阶段，小郭应该采取有间隔的分散复习策略，避免长时间不间断地集中复习。

(3)灵活运用学习迁移，促进活学活用。在学习中，小郭应该学会举一反三，触类旁通，利用已有的知识和技能促进新的学习。

(4)通过长期刻意练习，掌握专业关键技能。在学习专业技能时，小郭应该设定清晰的、具体化的阶段目标。在练习过程中，小郭要遵循老师的示范和指导，进行有目的、刻意的练习。

第十二课　终身学习 持续发展

生活感悟

(1)终身学习使我们获得新知、增长才干，满足生存和发展的需要，提高未来事业发展的竞争力。

(2)终身学习能够充实我们的精神生活，开阔我们的眼界，使我们获得更大的发展空间，更好地实现人生价值。

习题演练

一、填空题

1.终身学习

2.方式；资源；学习

3.服务全民

4.智力；能力；实践

5.数字化；网络化

6.信息知识；信息意识；信息能力

7.有效信息

8.学习者;问题

二、选择题

1.A【解析】依据教材知识,终身学习就是要提高自主学习能力,自主学习就是要把学习当成一种发自内心的活动。故A项正确,BCD项错误。

2.D【解析】依据教材知识,终身学习是指每个社会成员为适应社会发展和实现个体发展的需要,持续一生的学习过程。材料中小顾的外婆坚持读老年大学,满足了自我发展的需要。故D项正确,ABC项错误。

3.D【解析】依据教材知识,在数字化时代学习,我们应具备有关计算机操作、数字资源等的基本知识,拥有使用信息技术解决学习和生活中问题的能力,且能够自觉遵守相关道德规范和法律法规,而身体素质并不属于信息素养的内容。故D项正确,ABC项错误。

4.A【解析】依据教材知识,“书不可以一日不读”,说明我们要树立终身学习的理念;“他将所学知识用于中国革命和建设的实践中”,说明在阅读的过程中要坚持学以致用,而③④在材料中没有体现。故A项正确,BCD项错误。

5.A【解析】依据相关知识,数字化学习资源与以往传统的学习资源相比,其最大的优势在于互动性,无论是通过网络媒介进行学习,还是通过光盘等进行学习,其双向交流的方式得到越来越多学习者的喜爱。故A项正确,BCD项错误。

6.B【解析】依据教材知识和题意,青年夜校火热是因为其拓宽了学习渠道,满足了人们的多样化学习需求,有利于推进全民终身学习的学习型社会建设,而①观点正确,却不符合题意,③“快速提高经济收入”夸大了夜校的作用。故B项正确,ACD项错误。

7.C【解析】依据教材知识,面对未来,我们要终身学习,不断自我更新,做好职业规划,同时,我们应该合理利用人工智能,珍惜美好生活。故C项正确,ABD项错误。

三、判断题

1.√【解析】依据教材知识,终身学习是新时代的要求,也是每个社会成员适应社会发展和实现个体发展的需要。

2.√【解析】依据教材知识,当今社会,知识更新速度加快,每个人只有持续、不间断地学习,才能更好地适应社会发展的需要。

3.×【解析】依据教材知识,信息素养主要包括信息知识、信息意识、信息能力和信息伦理四个方面。

4.√【解析】依据教材知识,数字化学习要求我们具有良好的信息素养,所以需要掌握计算机应用的相关知识。

5.√【解析】依据教材知识,一般而言,从官方渠道获取的信息较为可靠。

6.×【解析】依据教材知识,在数字化时代,只有掌握并不断提高数字化学习能力,才能更好地解决学习、生活和工作中的实际问题。

7.√【解析】依据教材知识,可以通过把“知”与“行”有机结合起来,以知促行、以行求知、知行合一,从而做到“学以养德,学以增智,学以致用”。

8.×【解析】依据教材知识，学习者可以根据自己的学习需求，灵活运用数字化资源，随时随地进行学习，这改变了学习的时空观念，提高了学习效率。

9.×【解析】依据教材知识，网络上存在大量的信息，其中有无效甚至虚假的信息，只有部分有效的信息才是宝贵的资源，可以直接指导我们解决问题。

10.√【解析】依据教材知识，终身学习就要不断提高自主学习能力，把学习当成一种发自内心的活动，主动寻找和发现自己感兴趣的学习资源，养成自主学习的习惯。

四、简答题

1.(1)当今世界，科学技术日新月异，知识更新速度加快，就业结构和岗位需求发生变化，每个人只有树立终身学习的意识，持续学习，才能更好地适应社会发展的需要，跟上时代发展的步伐。

(2)终身学习是迎接时代挑战的“金钥匙”，是自身发展、追求高质量生活的重要前提。

(3)终身学习能使我们获得新知、增长才干，满足生存和发展的需要，提高未来事业发展的竞争力。

(4)终身学习能充实我们的精神生活，开阔我们的眼界，使我们获得更大的发展空间，更好地实现人生价值。

2.(1)“学不可以已”，要坚信人的智力、能力都是可以通过努力学习和实践不断得到提高的，同时必须充分认识到终身学习的重要性，树立终身学习的理念，自觉把学习作为个人成长和职业发展的重要手段和内在动力。

(2)要提高自主学习能力，确立明确的学习目标，主动寻找和发现自己感兴趣的学习资源，养成自主学习习惯，以持之以恒、刻苦钻研的精神，不断从知识的宝库中汲取精华。

(3)要善于把“知”与“行”有机结合起来，以知促行、以行求知、知行合一，努力做到“学以养德，学以增智，学以致用”。

3.(1)需要主动适应数字化学习设施、软件、平台、工具等数字化学习环境，采取相应的策略主动学习。

(2)需要掌握相关信息技术知识，对数字化学习资源进行有效获取、分析、评估和应用。

(3)需要掌握并运用多种数字化学习方式，满足个性化学习需求，高效完成学习任务。

五、辨析题

1.观点错误。理由：现代社会生活压力大、节奏快等问题较为突出，因此个体要学会自我排解，学会调整自己的身心状态，保持身心健康，同时也要树立终身学习的意识。因为终身学习作为个体自身发展、追求高质量生活的前提，能使我们获得新知，提高我们未来事业发展的竞争力，也能充实我们的精神生活，使我们更好地实现人生价值。

2.观点正确。理由：信息意识是指客观存在的信息和信息活动在人们脑海中的能动反映，它可以使人产生信息需求，形成信息动机，进而自觉寻求信息、利用信息。信息意识会影响一个人的信息行为。中职生应当首先树立信息意识，这样就可以有针对性地获取所需信息，如有目的地上网搜寻信息、经常阅读相关信息等。只有对信息源了解较多且解读信息的能力较强，才能快速地发现那些隐含的信息。

六、案例分析题

(1)充分认识终身学习的重要性,树立终身学习的理念,自觉把学习作为个人成长和职业发展的重要手段和内在动力。案例中,小周充分认识到了终身学习的重要性和必要性,从学校毕业以后仍继续学习。

(2)要提高自主学习能力,确立明确的学习目标,主动寻找和发现自己感兴趣的学习资源,养成自主学习习惯。案例中,小周在参加培训班的同时,还经常到图书馆去学习。

(3)把“知”与“行”有机结合起来,以知促行、以行求知、知行合一。案例中,小周把学习到的知识应用到工作中去,促进了自己的职业发展。

第五单元　规划生涯 放飞梦想

第十三课　立足专业 谋划发展

生活感悟

劳动是创造物质财富和精神财富的过程,是人类特有的基本社会实践活动,是人类社会存在和发展的基础。正是因为劳动创造,我们拥有了今天的成就,所以我们要牢固树立劳动最光荣、劳动最崇高、劳动最伟大、劳动最美丽的观念,通过劳动不断创造更加美好的生活。

习题演练

一、填空题

1.精神财富;社会实践;存在;发展

2.劳动

3.社会分工

4.职业素养;社会功能;职业群

5.职业信念;职业知识技能

6.职业能力

7.国家发展

8.中期目标;近期目标

二、选择题

1.B【解析】依据教材知识,劳动是创造物质财富和精神财富的过程,同时马克思主义认为,人是劳动的产物,劳动创造了人类生存所必需的全部物质条件和精神条件,并且劳动也是推动人类社会进步的根本力量,而创造财富只是劳动的目的之一,并不是劳动的全部目的。故B项正确,ACD项错误。

2.C【解析】依据教材知识,职业素养包括职业信念、职业知识技能和职业行为习惯,材料中要严格保证产品的质量,说明工人在操作机器时要具有一定的职业素养。故C项正确,ABD项错误。

3.D【解析】依据教材知识,职业信念表现为对自己所选择职业方向、所确定职业理想的稳定看法和态度,包括良好的职业道德、积极的职业心态和正确的职业价值观。故D项正确,ABC项错误。

4.C【解析】依据教材知识,根据约翰·霍兰德的职业兴趣理论,抽象思维能力强,喜欢富有创造性的工作,并且逻辑分析能力较强的人属于研究型,研究型的典型职业有科研人员、产品检验员、工程师等。故C项正确,ABD项错误。

5.D【解析】依据教材知识,职业价值观是个体衡量某种职业优劣和意义的内心尺度,职业价值观决定职业期望和择业动机,影响职业方向和职业选择,以及就业后的工作态度和行为。故D项正确,ABC项错误。

三、判断题

1.√【解析】依据教材知识,劳动是创造物质财富和精神财富的过程,是人类特有的基本社会实践活动,是社会发展的最终决定力量。

2.√【解析】依据教材知识,社会经济、科学技术的不断发展,导致新的职业不断产生,旧的职业不断消亡,而与职业相对应的专业也会随之调整。

3.√【解析】依据教材知识,在制订职业生涯规划时,需要充分认识自己的职业兴趣、职业性格、职业能力和职业价值观等,立足实际,着眼未来,不断发展。

4.√【解析】依据教材知识,我们要在执行规划、逐步实现目标的实际行动中持续完善规划,适当调整目标和计划。

5.√【解析】依据教材知识,国家发展是个人职业生涯发展的基础,祖国的繁荣富强、和谐稳定为我们的发展提供了重要机遇。

6.×【解析】依据教材知识,并不是所有的工作都可以称为职业,被称为职业的工作需要具备一定的条件,如有合法收入、符合国家法律和社会道德规范、具有一定的从业人数等。

7.×【解析】依据教材知识,职业价值观不是固定不变的,个体可以根据实际情况,及时调整自己的职业价值观。

8.√【解析】依据教材知识,职业资格证书代表了持证者具备从事某一职业岗位的专业知识与技能,对求职就业具有重要意义。

9.×【解析】依据教材知识,我们可以有意识地自我完善,调适自己的性格,主动适应职业的要求,发展相应的职业性格。

10.×【解析】依据教材知识,当职业兴趣与职业选择相匹配时,可以提高工作效率、职业稳定性和满意度。

四、简答题

1.(1)职业是相互关联、相互服务的社会活动。

(2)有合法收入。

(3)在一定的历史时期内形成,并具有较长生命周期。

(4)符合国家法律和社会道德规范。

(5)具有一定的从业人数。

2.提升职业素养需要把实干和创新结合起来,多下苦功夫,敢于突破常规,练出真本领。

(1)需要认真学习专业课程,磨炼专业技能,熟悉职业岗位规范,符合职业资格要求。

(2)需要在学习中培养职业兴趣,发挥想象力和创造力,获得职业发展的动力。

(3)还需要培养良好的职业道德,坚定职业理想,为职业生涯的长远发展奠定基础。

3.(1)目标明确。职业生涯目标应清晰明确,不笼统模糊。

(2)可衡量。职业生涯目标应对个人行为有清晰和具体的要求。

(3)可实现。职业生涯目标应既符合个人实际,又具有一定的挑战性,但不能是凭空想象的。

(4)相关性。职业生涯目标应与所学专业及个人能力等相关,不能脱离实际或与职业发展方向相反。

(5)时限性。职业生涯目标应有一定的时间限制,如规划开始的时间和结束的时间。

4.(1)国家发展是个人职业生涯发展的基础。国家的飞速发展在一定程度上影响了个人的职业选择,个人应从国家发展的角度不断修正自己的职业生涯发展方向,将个人发展与国家发展紧密结合起来。

(2)区域发展为个人职业生涯发展提供有利的条件。区域发展为个人职业生涯发展提供了职业机会,而个人职业生涯发展也为区域发展提供了更多的人才和创新力。

(3)行业发展为个人职业生涯发展提供了机会。行业发展可以创造出更多的就业机会,行业发展的变化决定了个人职业生涯发展的变化,个人职业生涯发展在一定程度上也可以推动整个行业的发展。

(4)家庭状况与个人职业生涯发展联系最密切、最直接。个人在生活态度、生活方式、价值观和行为模式等方面都会受到家庭成员潜移默化的影响,这会影响个人的择业及职业生涯发展。

五、辨析题

1.观点正确。理由:劳动者的知识和才能越多,创新越多,创造能力越强。提高包括广大劳动者在内的全民族素质,是民族发展的长远大计。同时,提升劳动者素质不仅有助于劳动者成功就业或创业,还有助于劳动者适应职业的变化,实现职业生涯的可持续发展。

2.观点错误。理由:家庭状况与个人职业生涯发展联系最密切、最直接。家庭结构、教养方式、经济条件、社会关系,以及家庭成员的职业等,都是影响个人职业选择和未来发展的重要因素。个人在生活态度、生活方式、价值观和行为模式等方面都会受到家庭成员潜移默化的影响,这会影响个人的择业及职业生涯发展。总之,要客观地分析家庭状况及其变化,在充分考虑家庭资源的基础上,制订个人的职业生涯规划。

六、案例分析题

需要把实干和创新结合起来,多下苦功夫,敢于突破常规,练出真本领。案例中,小典追求创新,把所学的专业技术知识用在实际工作中,获得了多项技术专利。

(1)需要认真学习专业课程,磨炼专业技能。案例中,小典在校期间成绩优异,专业技能扎实。

(2)需要在学习中培养职业兴趣,发挥想象力和创造力,获得职业发展的动力。案例中,小典毕业后仍坚持不断学习,自学了机电方面的专业技术书籍。

(3)需要培养良好的职业道德,坚定职业理想,为职业生涯的长远发展奠定基础。案例中,小典在公司里经常帮助别人,得到了领导和同事们的一致好评。

第十四课　执行规划 夯实基础

生活感悟

我们要充分利用在校时光,强化角色转换的意识,提高职业适应力,为顺利就业和职业生涯的可持续发展夯实基础。我们要认真学习,积极参加实习实训和班集体活动,加强与他人的沟通协作,主动锻炼自己,全面提高职业适应力。

习题演练

一、填空题

1.知易行难

2.各项措施

3.图表法;日记法

4.恪尽职守;承担责任

5.发现问题;查找原因

6.环境氛围;人际关系;责任

7.规范;义务

8.理性务实

9.责任担当

二、选择题

1.A【解析】依据教材知识,没有执行,一切都是空谈。认真执行职业生涯规划的各项措施,是职业生涯规划成功的保证。故 A 项正确,BCD 项错误。

2.C【解析】依据教材知识，从学校走向职场，从学生转变为职业人，是我们人生的重大飞跃，而学校与职场有很多不同，要尽快适应这些变化，做好角色转换。故C项正确，ABD项错误。

3.D【解析】依据教材知识，定期检查规划执行效果，是职业生涯规划管理的重要手段，通过对规划的执行过程与执行结果进行反思和总结，可有效提高规划执行力。故D项正确，ABC项错误。

4.B【解析】依据教材知识，职业生涯规划的落实，不是一蹴而就的，而是一步一步实现的，而一切结果都是行动的积累，只有行动才能达成规划的目标，同时梦想的实现也需要坚定目标、不断前行。故B项正确，ACD项错误。

5.C【解析】依据教材知识，认真执行职业生涯规划的各项措施，是职业生涯规划成功的保证，上述材料也强调，除了要树立职业理想，还要认真执行职业生涯规划。故C项正确，ABD项错误。

6.B【解析】依据教材知识，我们现在正处于职业生涯的准备时期，应该充分利用在校时光，强化角色转换的意识，做好职业准备，为未来顺利就业和职业生涯的可持续发展夯实基础，而ACD项均不是正确的职业观。故B项正确，ACD项错误。

7.C【解析】依据教材知识和题意，我们应该胸怀大志，顺应时势，立足社会需要，着眼未来发展，到社会最需要我们的地方发挥聪明才智，而A项和B项均说法有误，D项在材料中未体现。故C项正确，ABD项错误。

8.(多选)ABCD【解析】依据教材知识，提高规划执行力，我们可以及时记录职业生涯规划的执行情况，通过不断地自我检查、自我审视、自我约束，提醒自己要严格执行职业生涯规划；坚持自我激励、自我鞭策，并学会时间管理；每天坚持完成设定的目标，以提高时间利用效率；向他人寻求帮助，并监督自己的执行情况。故ABCD项全部正确。

三、判断题

1.×【解析】依据教材知识，认真执行职业生涯规划的各项措施是职业生涯规划成功的保证。

2.√【解析】依据教材知识，需要按照规划落实自己的行动，同时要注意，职业生涯规划的落实，不是一蹴而就的，而是一步一步实现的。

3.×【解析】依据教材知识，学校与职场的环境氛围不同，学生与职业人承担的责任也不同。学生的责任是好好学习，接受教育、储备知识、培养能力，努力成为德智体美劳全面发展的社会主义建设者和接班人；职业人的责任是爱岗敬业、履职尽责，依靠自己的本领完成工作中应尽的职责。

4.√【解析】依据教材知识，我们现在正处于职业生涯的准备时期，要充分利用在校时光，强化角色转换的意识，提高职业适应力，为顺利就业和职业生涯的可持续发展夯实基础。

5.√【解析】依据教材知识，责任心强的人在工作上更加注重细节，更加努力而且更有毅力，这样的人也更容易提高工作效率，有利于职业生涯的长远发展。

6.×【解析】依据教材知识，学生在学校面对的主要是老师和同学，以完成学习任务为主，人际关系与职场相比并没有那么复杂。

7.×【解析】依据教材知识，大多数毕业生走出校园第一次踏上工作岗位时，会面临角色转换的压力，较容易出现职场适应的各种心理冲突问题。

8.×【解析】依据教材知识，责任心强的人在工作上更加注重细节，更加努力而且更有毅力，并且自我调控和管理能力更好，有利于职业生涯的长远发展。

9.×【解析】依据教材知识，职业适应力并不会自动形成，需要在日常学习和社会实践中，主动锻炼自己，从而培养和提高自己的职业适应力。

10.×【解析】依据教材知识，在遇到困难时，我们应该积极寻找解决问题的办法和向他人求助，而不是对自己说“我做不到”。

四、简答题

1.(1)及时记录职业生涯规划的执行情况。通过不断自我检查、自我审视、自我约束，提醒自己要严格执行职业生涯规划。

(2)坚持自我激励、自我鞭策，并学会时间管理，要努力做到珍惜时间、善用时间，每天坚持完成设定的目标，以提高时间利用效率。

(3)向他人寻求帮助，请他人监督自己的执行情况。向老师、家人、同学等公开自己的职业生涯规划，让他们监督并激励自己。

2.(1)是否按照规划进度执行，各执行环节是否出现问题，如何解决这些问题，以及各环节的任务是否如期完成。

(2)是否需要调整和改善，调整和改善的措施有哪些。自我检查可以结合自己的日计划、周计划、月计划等展开。

(3)是否达到预期效果，如果没有达到预期效果，则应及时发现问题，查找原因。

3.(1)学校与职场的环境氛围不同。学校是学习的场所，职场是工作的场所。

(2)学生与职业人面对的人际关系不同。学生作为受教育者，以完成学习任务为主，面对的主要是老师和同学。在职场，人际关系会变得相对复杂，如上下级的关系、与客户的关系等。

(3)学生与职业人承担的责任不同。学生的责任是好好学习，接受教育、储备知识、培养能力，努力成为德智体美劳全面发展的社会主义建设者和接班人。职业人的责任是爱岗敬业、履职尽责，依靠自己的本领完成工作中应尽的职责。

4.(1)要明确学校与职场的区别、学生与职业人的角色定位，强化自己的责任担当意识。不仅要认真学习，还要在实习实训、班集体活动中，努力做好自己负责的事情，加强与他人的沟通协作，勇于担当作为。

(2)要拥有理性务实的心态，做好从基层岗位起步，扎扎实实、不断发展的心理准备。在选择岗位时，要立足个人实际，立足社会需要，着眼未来发展。

(3)要在日常学习和社会实践中，主动锻炼自己，注意利用一切机会，增强自己的学习能力、创新能力、自我控制能力和执行能力等，全面提高职业适应力。

5.(1)剖析自身条件,明确自己在执行规划的过程中遇到了哪些困难,如“我做不到”。

(2)寻求解决困境的方法,独自解决或向老师、家人、朋友求助,调整自己遇到问题时的心态,将“我做不到”换成“到目前为止,我还没做到”。

(3)找出困境背后的原因,并对走出困境的方法进行评估。总结成功解决问题的办法及未成功解决问题的原因,尝试用新的方法解决问题。

(4)运用语言将消极的心态转变为积极进取的心态,如将“太难了,我没法做到”换为“我可以再试试,或许可以解决”。

(5)想象走出困境后的场景来激励自己,克服困难,实现目标,如“目标实现了我将会是什么样子”。

五、辨析题

1.观点错误。理由:学生在校期间,不仅要学好自己的专业知识,还要积极参加实习实训及班集体组织的各项活动。学生学好自己的专业知识,可以为以后的实习实训和就业做准备。实习实训可以检验自己对知识的运用情况,而且理论知识要转化为个人的能力和素养,也必须亲身实践。学生参加班集体活动,可以锻炼个人的团队意识和沟通协调能力,为未来就业做好准备。

2.观点错误。理由:学生从学校走向职场,从学生转变为职业人,是其人生中的重大飞跃。但学校和职场还是存在较大差别的,所以学生需要不断调整自己,做好角色转换。由于学校与职场的环境氛围不同、学生与职业人面对的人际关系不同、学生与职业人承担的责任不同,因此,学生可从心理上、思维上、行动上不断转换自己的角色,从而更好地适应职场,迈好职业生涯的第一步。

六、案例分析题

(1)要明确学校与职场的区别、学生与职业人的角色定位,强化自己的责任担当意识。案例中,小谭不仅认真学习,还积极参加行业技能比赛,把所学到的知识运用到实践中去。

(2)要拥有理性务实的心态,做好从基层岗位起步,扎扎实实、不断发展的心理准备。案例中,小谭在选择职业时,立足个人实际,在实习时不怕苦、不怕累,踏踏实实从基层做起。

(3)要在日常学习和社会实践中,主动锻炼自己,注意利用一切机会,增强自己的学习能力、创新能力、自我控制能力和执行能力等,全面提高职业适应力。案例中,小谭在学校里积极竞选班长和校学生会职务,还利用假期时间实习,使自己得到了锻炼。

第十五课 完善规划 奋发有为

生活感悟

小时在偶然的机会下,接触到了健康照护师这一职业,了解到随着我国人口老龄化程度的不断加深,市场对健康照护师的需求也在逐渐增加,这一职业有着广阔的发展前景。小时对此产生了浓厚的兴趣，并在妈妈的鼓励下，决定成为一名优秀的健康照护师，从而调整了自己的职业生涯规划，确立了新的职业生涯目标。

习题演练

一、填空题

1.国家需要

2.自我评价；他人评价

3.评价标准；评价细则

4.经济社会

5.就业市场

6.实践体验；职业素养

7.自身条件；行动计划

8.认真学习；能力；素质

9.评价结果

10.老师；家长；同学

二、选择题

1.A【解析】依据教材知识，职业生涯规划的内容要完整、详尽且能够具体地指导自己实施职业生涯规划的行动；要评价职业生涯规划是否可行，以及是否考虑了未来可能的变化，但职业生涯规划并不完全是个人的事，职业生涯规划也要符合国家需要，对社会发展有益。故 A 项正确，BCD 项错误。

2.B【解析】依据教材知识，个人小环境主要包括家庭的经济状况、人际关系、父母及重要他人对我们的期望和建议等。故 B 项正确，ACD 项错误。

3.B【解析】依据教材知识，在调整职业生涯规划时，首先需要剖析自身条件，掌握自身条件的变化及其在职业实践中检验的结果，确定“我能做好什么”。故 B 项正确，ACD 项错误。

4.A【解析】依据教材知识，评价细则是对评价标准的细化和分解，包括发展条件、发展目标、行动计划等环节。故 A 项正确，BCD 项错误。

5.B【解析】依据教材知识，“一分规划，九分落实”，只有树立梦想从学习开始、事业靠本领成就的观念，让勤奋学习成为青春飞扬的动力，让增长本领成为青春搏击的能量，奋发有为，开拓进取，才能让美好的蓝图化为明天的现实，而走一步看一步的态度并不可取。故 B 项正确，ACD 项错误。

三、判断题

1.√【解析】依据教材知识，我们在树立职业理想和确定职业发展目标时，要立足中国特色社会主义进入新时代的历史方位，把自己的职业生涯发展和国家经济社会发展紧密联系在一起。

2.×【解析】依据教材知识，我们应该主动邀请他人提出意见和建议，借助他人的智慧不断完善自己的职业生涯规划。

3.×【解析】依据教材知识，在调整职业生涯规划时，首先要确定“我能做好什么”，其次要明确“什么可以做”，再次要审视“我为什么做”，最后要审视“我应该怎么做”。

4.×【解析】依据教材知识，职业生涯规划的调整，不是对原有规划制订过程的简单重复，也不是对原有规划的直接否定，而是基于新情况、新要求，有针对性地修正、完善原有规划。

5.×【解析】依据教材知识，制订好的职业生涯规划并不是固定不变的，而是需要不断根据新情况、新问题进行调整和完善的。

6.√【解析】依据教材知识，在对职业生涯规划进行可行性分析时，要看其能否促进自己实施行动，激励自己朝着规划目标努力。

7.×【解析】依据教材知识，制订职业生涯规划，并定期对职业生涯规划进行评价，对于我们的职业生涯发展和个人成长具有积极的促进作用，不是不切实际的幻想。

8.√【解析】依据教材知识，经济全球化和社会信息化飞速发展，科学技术突飞猛进，产业结构、行业结构调整加快，这些外部因素会直接影响我们的职业生涯发展。

9.×【解析】依据教材知识，对个人职业生涯规划评价完成后，应该认真分析评价结果，找出规划中需要改进的地方，并进行有针对性的调整。

10.×【解析】依据教材知识，调整职业生涯规划并不是对原有职业生涯规划的直接否定，而是要重新剖析自身条件，重新评估职业生涯发展机会，从而修正职业生涯目标和行动计划，而马上换工作并不可取。

四、简答题

1.评价职业生涯规划，有自我评价和他人评价两种形式。

(1)自我评价是自己根据评价标准对职业生涯规划进行整体审视和重点检查，回顾自己在制订和执行规划的过程中，有哪些地方需要改善和调整。

(2)他人评价是老师、家长、同学等对自己的职业生涯规划进行评价。我们可以借助他人评价不断完善自己的职业生涯规划。

2.(1)毕业前夕。学生在毕业前夕可以根据在校期间实习实训的体验，以及职业信息和就业市场的实际供求关系，对职业生涯规划进行调整。

(2)从业初期。学生在从业初期获得了一定的工作经历，对自己的职业有了一定的认知，进而为职业生涯规划调整提供了一定的支撑。此外，外部职场环境的改变和职业素养的提升也可以促使我们调整职业生涯规划。

3.(1)对变化抱有积极的态度，同时能接纳自己面对变化的消极情绪。

(2)具有认知灵活性，能同时从多个角度看待变化，及时发现自己在认识上的不足，并调整自己的看法。

(3)具备从变化中学习的能力，能利用变化带来的机遇。

(4)主动寻求他人的支持，包括情感支持、物质支持、信息支持等，从而顺利应对变化。

(5)对应对变化有信心,并主动寻求新的变化。

4.(1)要重新剖析自身条件,掌握自身条件的变化及其在职业实践中检验的结果,确定"我能做好什么"。

(2)要重新评估职业生涯发展机会,对求职、从业环境进行再分析,评估职业生涯的机遇和挑战,明确"什么可以做"。

(3)修正职业生涯目标,在重新剖析自身条件和职业生涯发展机会的基础上,对新目标进行再确认,对职业生涯长期目标、中期目标和近期目标进行调整,审视"我为什么做"。

(4)修正行动计划,根据修正后的职业生涯目标,制订新的行动计划,审视"我应该怎么做"。

五、辨析题

1.观点正确。理由:职业生涯规划有明显的阶段性特征,因此在不同阶段必须做出相应的调整。我们的职业生涯与经济社会发展密切相关,社会的不断发展会影响职业结构、就业市场等,从而直接影响我们的职业生涯的发展。除了社会大环境在变,个人的小环境也在改变,如个人的家庭环境、人际关系、父母的建议等都会对我们的职业生涯发展产生影响。因此,我们需要不断地调整自己的职业生涯规划。

2.观点错误。理由:职业生涯规划不仅要注意自我评价,还要注意同学的评价。职业生涯规划有自我评价和他人评价两种形式。自我评价是自己根据评价标准对职业生涯规划进行审视、重点检查,回顾自己在制订和执行规划时,有哪些地方需要改善和调整。他人评价是老师、家长、同学等对自己的职业生涯规划进行评价,我们可以借此不断完善自己的职业生涯规划。我们要将两者结合,不断地调整和完善自己的职业生涯规划。

六、案例分析题

(1)毕业前夕和从业初期是职业生涯规划调整的两个重要时机。

(2)调整职业生涯规划有以下方法。首先,重新剖析自身条件,确定"我能做好什么"。小荀通过自我评估,明确自己能够胜任编辑部的工作。其次,重新评估职业生涯发展机会,明确"什么可以做"。小荀根据就业机会做出调整。再次,修正职业生涯发展目标,审视"我为什么做"。小荀将自己的职业生涯目标修正为金融专业相关的编辑工作。最后,修正行动计划,审视"我应该怎么做",小荀成功应聘到编辑部工作。